LEITFADEN BIBEL

Basiswissen zum Buch der Bücher

Grundwissen
Bücher
Biblische Geschichte
Alltag & Religion
Große Themen
Feste
Fragen & Antworten
Bibellesetipps

THEMENFELDER

DAS BUCH DER BÜCHER

Die **Bibel** ist ein ganz besonderes Buch. Wer sie aufschlägt, sieht sich Texten gegenüber, die bereits vor 2000 bis 3000 Jahren aufgeschrieben wurden. Die Wurzeln dieser Geschichten, Lieder und Gebete reichen sogar noch viel weiter in die Vergangenheit zurück. Und doch ist die Bibel keineswegs veraltet. Bis heute ist sie ein »Bestseller« auf dem Buchmarkt. Sie wurde in mehr Sprachen übersetzt als irgendein anderes Werk der Weltliteratur. Nach wie vor fasziniert sie die Menschen – überall auf der Welt. Denn die entscheidenden Fragen, die uns bewegen, sind über die Jahrtausende hin dieselben geblieben.

In der Bibel begegnen uns **Menschen, die ähnlich empfunden haben wie wir heute**: Sie erleben Freude und Leid, Hoffnung und Enttäuschungen, großes Vertrauen und quälende Zweifel. Sie fragen nach der Herkunft von Unrecht, Leid und Tod und nach den eigenen Grenzen, suchen nach dem Ziel ihres Lebens und stehen staunend vor den Schönheiten und Wundern unserer Welt, hinter denen sie die Macht des Schöpfers am Werk sehen, der dies alles ins Leben gerufen hat und erhält.

Die Geschichte Gottes mit diesen Menschen – das ist das Thema der Bibel. Und was Gott für sie damals war, das will und kann er auch für uns heute sein, wenn wir uns auf ihn einlassen: ein fester Halt und die Mitte unseres Lebens. Die Bibel kann uns helfen, Gottes Spuren in unserem eigenen Leben zu entdecken. In keinem anderen Buch auf der Welt geht es deshalb so sehr um uns selbst wie in der Bibel. Sie kann für uns zu einem **Lebensbuch** werden, zum Buch der Bücher, in dem wir – wie die Menschen von damals – Gott begegnen.

DIE BIBEL –
EINE BIBLIOTHEK

Das Wort »Bibel« stammt aus der griechischen Sprache und bedeutet »Bücher« *(biblia)*. Denn die Bibel ist eigentlich eine Sammlung von verschiedenen Einzelschriften oder Büchern. Sie gleicht einer ganzen Bibliothek mit insgesamt 77 Bänden: 39 im Alten Testament, 27 im Neuen Testament und 11 sogenannte Spätschriften des Alten Testaments. Manche von ihnen sind äußerst umfangreich, andere füllen nur wenige Seiten. Wie in einer Bibliothek werden die Bücher in verschiedene Gruppen eingeteilt.

Die Schriften des **Alten Testaments** existierten zunächst als einzelne Schriftrollen in hebräischer Sprache. Sie sind von verschiedenen Autoren und in unterschiedlichen Stilformen geschrieben worden. Seit dem 5. Jahrhundert v. Chr. haben jüdische Gelehrte die heiligen Schriften gesammelt und zu größeren Einheiten zusammengefügt. Man kann vier Gruppen unterscheiden:

Gesetzesbücher (Weisung) Sie umfassen die fünf Bücher Mose (Genesis bis Deuteronomium) und werden deshalb auch »Pentateuch«, d. h. »Fünf-Rollen-Buch«, genannt. In ihnen wird die Geschichte des Volkes Israel von den ersten Anfängen bis zur Befreiung aus der Sklaverei in Ägypten geschildert.

Geschichtsbücher Sie erzählen die Geschichte Israels vom Einzug ins verheißene Land bis zur Verbannung und der Rückkehr aus dem Babylonischen Exil.

Poetische und Lehrbücher Die Lehrbücher enthalten Weisheitslehren, die in einprägsamen Sprichwörtern oder auch in dichterische Sprache gefasst weitergegeben wurden. Die Psalmen sind eine Sammlung von Liedern und Gebeten.

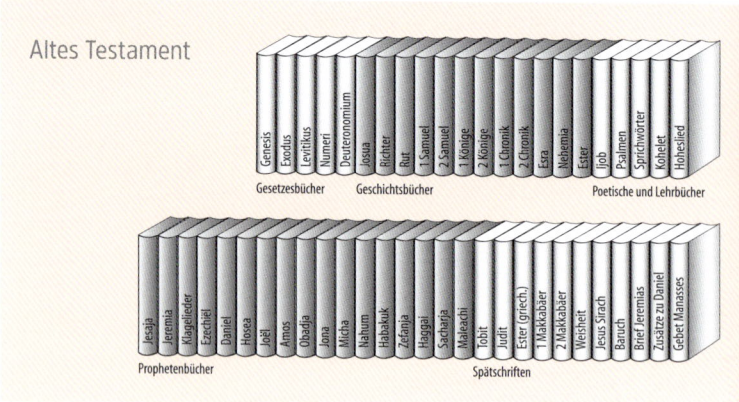

Altes Testament

Gesetzesbücher: Genesis, Exodus, Levitikus, Numeri, Deuteronomium

Geschichtsbücher: Josua, Richter, Rut, 1 Samuel, 2 Samuel, 1 Könige, 2 Könige, 1 Chronik, 2 Chronik, Esra, Nehemia, Ester

Poetische und Lehrbücher: Ijob, Psalmen, Sprichwörter, Kohelet, Hoheslied

Prophetenbücher: Jesaja, Jeremia, Klagelieder, Ezechiel, Daniel, Hosea, Joël, Amos, Obadja, Jona, Micha, Nahum, Habakuk, Zefanja, Haggai, Sacharja, Maleachi

Spätschriften: Tobit, Judit, Ester (griech.), 1 Makkabäer, 2 Makkabäer, Weisheit, Jesus Sirach, Baruch, Brief Jeremias, Zusätze zu Daniel, Gebet Manasses

Prophetenbücher Die Propheten Israels legten die Ereignisse der Vergangenheit aus, sie prangerten das Unrecht in der Gegenwart an und verkündigten Gottes Handeln für die Zukunft.

Spätschriften des Alten Testaments Die Spätschriften sind Zusätze und Ergänzungen zum Alten Testament, die nicht in die hebräische Bibel aufgenommen wurden. Nur die griechische Übersetzung des Alten Testaments überliefert sie. Entstanden sind sie zwischen 300 und 100 v. Chr. Einige gehören vom Charakter zu den Geschichtsbüchern, andere enthalten Weisheitssprüche und -lehren oder Prophetenworte. In manchen Ausgaben sind die Spätschriften in einem gesonderten Teil vor dem Neuen Testament angeordnet.

Die 27 Bücher des **Neuen Testaments** wurden in Griechisch geschrieben. Auch sie können in verschiedene Gruppen unterteilt werden:

Geschichtsbücher Die vier Evangelien und die Apostelgeschichte erzählen von Jesus Christus und seinem Wirken und von den ersten Gemeinden. Sie wollen aber keinen rein historischen Bericht geben, sondern zum Glauben an Jesus als den von seinem Volk lange ersehnten Retter der Menschen einladen.

Briefe Diese Gruppe enthält 21 Briefe, die von den Aposteln selbst oder unter ihrem Namen an verschiedene christliche Gemeinden und an Einzelpersonen geschrieben wurden. Die größte und wichtigste Sammlung bilden die Paulusbriefe.

Die Offenbarung Die Offenbarung des Johannes steht in der Tradition der prophetischen Bücher. Sie schildert vor allem apokalyptische Visionen vom Ende dieser Welt, verbunden mit der Hoffnung auf einen neuen Himmel und eine neue Erde.

Neues Testament

Geschichtsbücher — Paulusbriefe — übrige Briefe

Matthäus · Markus · Lukas · Johannes · Apostelgeschichte · Römer · 1 Korinther · 2 Korinther · Galater · Epheser · Philipper · Kolosser · 1 Thessalonicher · 2 Thessalonicher · 1 Timotheus · 2 Timotheus · Titus · Philemon · Hebräer · Jakobus · 1 Petrus · 2 Petrus · 1 Johannes · 2 Johannes · 3 Johannes · Judas · Offenbarung

WEGWEISER DURCH DIE BIBEL

Der Text einer gedruckten Bibel enthält heute eine ganze Reihe von Orientierungshilfen und zusätzlichen Informationen. Die wichtigsten werden hier kurz vorgestellt:

1 Kolumnentitel Zur schnelleren Orientierung nennt der Kolumnentitel am Seitenrand den Namen des Buches und das bzw. die Kapitel, die auf der aufgeschlagenen Seite zu lesen sind.

2 Kapitel und Verse Alle Bücher der Bibel sind eingeteilt in Kapitel und Verse (einige ganz kurze Bücher nur in Verse). Die Aufteilung in Kapitel geht auf den englischen Erzbischof Stephen Langton zurück (13. Jahrhundert), die Verszählung hat der Genfer Buchdrucker Robertus Stephanus 1551 bei einer griechisch-lateinischen Ausgabe des Neuen Testaments eingeführt. Beides hat sich seit dem 17. Jahrhundert in deutschen Bibelausgaben durchgesetzt.

3 Überschriften Sie gliedern den Bibeltext in Sinnabschnitte. In den ursprünglichen Handschriften mit dem hebräischen bzw. griechischen Text der Bibel gibt es noch keine Überschriften. Sie wurden erst später zur besseren Orientierung hinzugefügt und unterscheiden sich daher in den verschiedenen Bibelausgaben oft ganz beträchtlich.

4 Zitate aus alttestamentlichen Büchern sind in Anführungszeichen gesetzt. Die zugehörigen Stellenangaben finden sich in den Fußnoten.

5 Parallelüberlieferungen Besonders bei den Geschichtsbüchern des Alten und Neuen Testaments kommt es vor, dass dieselbe Geschichte in verschiedenen Büchern gleichlautend oder ähnlich überliefert ist. Auf solche »Parallelüberlieferungen« verweisen Stellenangaben unter der Abschnittsüberschrift.

6 Sacherklärungen Begriffe und Namen im Bibeltext, die am Ende mit einem Stern (*) markiert sind, werden in den Sacherklärungen im Anhang einer Bibelausgabe erklärt. Unterhalb des Bibeltextes ist zu allen auf der betreffenden Seite vorkommenden Wörtern mit Stern die entsprechende Seitenzahl in den Sacherklärungen angegeben.

7 Fußnoten Die Fußnoten geben zusätzliche Informationen zu bestimmten Stellen im Text.

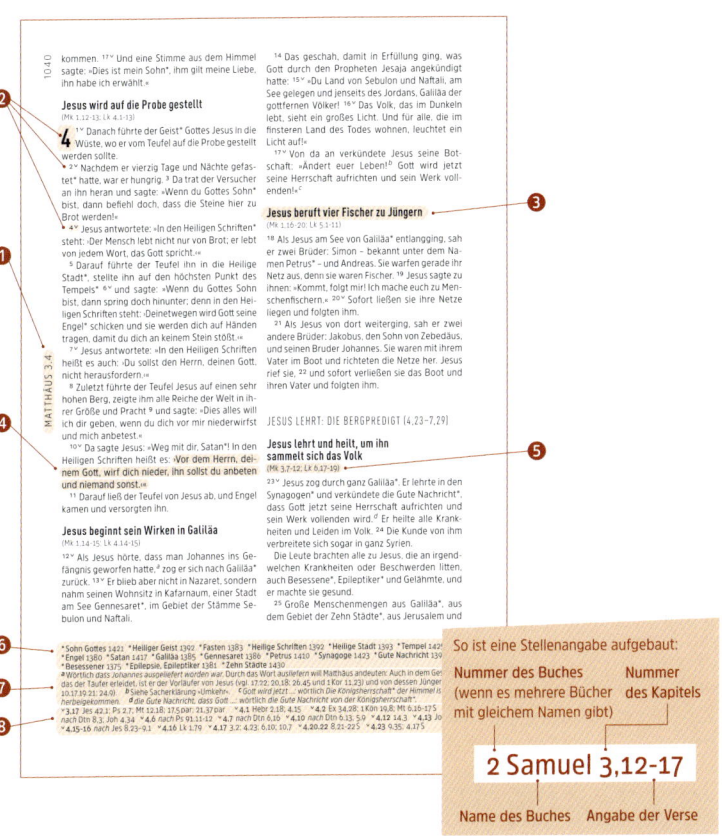

Kleine hochgestellte Buchstaben im Text weisen auf sie hin. In den Fußnoten findet man Erklärungen, die für das Verständnis des Textes nötig sind, und in bestimmten Fällen auch Hinweise auf andere Übersetzungsmöglichkeiten. Ein Teil der Fußnoten betrifft darüber hinaus die Überlieferung des Bibeltextes. Die verschiedenen Handschriften aus dem Altertum, in denen uns die Bibel überliefert ist, stimmen nicht immer überein. Manchmal wurde beim Abschreiben etwas hinzugefügt oder weggelassen. Wichtige Abweichungen werden in den Fußnoten angegeben.

8 Vergleichsstellen Oft wird ein Thema an verschiedenen Stellen der Bibel behandelt, oder es gibt Anklänge und Anspielungen, die für das Verständnis wichtig sind. In den meisten Bibelausgaben werden deshalb sogenannte Vergleichsstellen angegeben. Besonders interessant sind Vergleichsstellen, die den Zusammenhang zwischen dem Alten und dem Neuen Testament aufzeigen. Die Kenntnis des alttestamentlichen Hintergrunds macht es oft leichter, eine Aussage im Neuen Testament zu verstehen.

Eine fast komplett gefundene Schriftrolle wie hier Jesaja ist ein absoluter Glücksfall. Sie wird in Jerusalem im »Schrein des Buches« aufbewahrt.

WIE IST DIE BIBEL ENTSTANDEN?

Die Bibel ist die Frucht einer jahrtausende alten Erzähltradition. Lange bevor die Schriftkultur entstand, wurden von einer Generation zur nächsten wesentliche Erfahrungen mit Gott und der Welt **mündlich** weitergegeben. Im Lauf der Zeit bekamen die alten Überlieferungen feste Formen. Sie wurden gesammelt und kaum noch verändert. In der Zeit des Staates Israel begann die **schriftliche Überlieferung**. Sie war anfangs weder an einem einzigen Ort angesiedelt, noch darauf angelegt, ein umfassendes Werk zu erstellen. Vielmehr wuchs der »Stoff« der Bibel an verschiedenen Stellen:

Die **Könige Israels** ließen eine *Geschichte Gottes mit seinem Volk* Israel aufschreiben. Für die *Rechtsprechung* wurden Gesetzestexte gesammelt und mit Ausführungsbestimmungen versehen. *Gottesdienstordnungen* entstanden, um den Kult am Tempel zu regeln. Auch *Gebete* (Psalmen) für den Gottesdienst, vor allem für die großen Feste, schrieb man auf.

Ab dem **8. Jahrhundert** hielten **Propheten** oder deren Schüler ihre Worte schriftlich fest und ermöglichten dadurch eine größere Verbreitung.

Daneben entstanden kleine Sammlungen von *Volkstraditionen* mit Geschichten, Fabeln, Liedern und Lebensregeln.

Im **7. Jahrhundert** bestand Israel nur noch aus einem kleinen Territorium im Süden und versuchte, sich auf seine Fundamente zu besinnen. Dies war Anlass, viele bisher getrennt überlieferte Schriften zusammenzufassen. Manche Texte wurden neu geschrieben und bekamen so auch eine neue Bedeutung.

Der massivste Einschnitt war das 50 Jahre währende babylonische **Exil**. In der Verbannung entstand das Judentum. Es verfasste neue Texte (z.B. das erste Kapitel der Bibel) und gebrauchte zum ersten Mal die überlieferten Texte als »heilige Schrift«.

Bis zum 2. Jahrhundert wurden die drei großen Teile der hebräischen Bibel (zum Kanon siehe S. 10) nochmals überarbeitet. Bestehende Texte wurden dabei mit neuen kombiniert. Darum gibt es z.B. zwei Schöpfungserzählungen am Anfang der Bibel.

Während der ersten 20 Jahre nach Ostern gab es im **Christentum** nur **mündliche Überlieferungen**, weil das nahe Ende der Welt erwartet wurde. Als Bibel gebrauchten die Christen die Texte Israels.

Erst im Rahmen der Mission entstanden zunächst *Briefe* an Gemeinden und später als Fundament für die christliche Botschaft die vier *Evangelien* (vgl. Seite 50/51).

SPRACHE UND SCHRIFT DER BIBEL

Das **Alte Testament** wurde in *hebräischer Sprache* geschrieben. Zum Teil bis ins 1. Jahrhundert v. Chr. verwendeten die Schreiber dabei das als besonders ehrwürdig betrachtete *altphönizische Alphabet.* Ähnlich der ägyptischen Bilderschrift sind seine Zeichen jeweils aus dem Anfangslaut eines Bildsymbols entwickelt.

An einigen Stellen der Bibel finden sich auch Reste des *Aramäischen* (Jeremia 10,11; Esra 4,6–6,18; Daniel 2,4–7,28). Das war die Reichssprache während der Perserzeit. Durch sie veränderte sich auch die Schrift: Aus der aramäischen Schreibschrift entstand die neue »Quadratschrift«, in der zwischen dem 4. und 2. Jahrhundert v. Chr. fast alle Bibeltexte geschrieben wurden. Jedes Zeichen passt dabei genau in ein Quadrat.

Das **Neue Testament** wurde in *griechischer Umgangssprache* verfasst.

Schreibmaterialien Erst 105 n. Chr. wurde in China das Papier erfunden. Bis dahin verwendete man andere Materialien. Kurze Texte wie Notizen und Listen schrieb man auf Tonscherben (Ostraka), flache Steine, Wachsplättchen,

Metallstücke oder auch Elfenbein. Für längere Texte – z. B. Berichte oder Gesetzessammlungen – wurde Leder oder Papyrus benutzt.

Leider sind diese empfindlichen Materialien im Laufe der Jahrhunderte größtenteils zerstört worden. Von den ursprünglichen Handschriften der Bibel ist uns daher keine erhalten. Aber es gibt Abschriften, die nur wenig jünger sind als die Originale. Das gilt besonders für das Neue Testament.

Die ältesten erhaltenen Bibelhandschriften wurden seit 1947 in den Höhlen bei *Qumran* am Toten Meer gefunden. Dort lebte von 135 v. Chr. bis 68 n. Chr. eine religiöse Gemeinschaft. Die Schriften, die in Tonkrügen versteckt waren, reichen zurück bis ins 3. Jahrhundert v. Chr. Berühmt wurde vor allem die Jesaja-Rolle, denn mit ihr hat man eine fast komplett erhaltene Schriftrolle gefunden. Dies war ein besonderer Glücksfall; denn meist werden nur größere oder kleinere Bruchstücke entdeckt, manchmal nicht größer als eine Briefmarke. Aber jedes Fragment kann helfen, den ursprünglichen Text wiederherzustellen und Fehler aufzuspüren, die sich beim immer neuen Abschreiben der Texte eingeschlichen haben.

Der berühmte Papyrus P 52 mit Versen des Johannesevangeliums (um 125 n. Chr.)

In den Höhlen von Qumran wurden 1947 zahlreiche Schriften aus der Bibel gefunden.

DIE ZUSAMMEN-STELLUNG DER BIBLISCHEN BÜCHER (»KANON«)

Längst nicht alle religiösen Schriften, die zur Zeit der Bibelentstehung vorlagen, wurden in die Sammlung der »heiligen Schriften« aufgenommen. Bei ihrer Abgrenzung spielten verschiedene Kriterien eine Rolle: Das Buch Ester z.B. war sehr umstritten, weil darin kaum von Gott die Rede ist. Spätere neutestamentliche Schriften wurden ausgegrenzt, weil die Verbindung zur »apostolischen Generation« nicht mehr gegeben war.

Die Entstehung des biblischen Kanons hat sich in folgenden Etappen vollzogen:

Als Erstes war die *Tora* abgeschlossen. In der Zeit von 400 bis 100 v.Chr. wurden dann die restlichen Bücher der Hebräischen Bibel vervollständigt. Zunächst eine *Sammlung prophetischer Schriften (Nebiim)* – dazu gehört auch ein Teil der später sogenannten Geschichtsbücher (Josua bis Könige) –, danach die *Schriften« (Ketubim)*, sehr unterschiedliche Bücher wie das Hohelied, Ester, Judit, Daniel, die Makkabäerbücher und die weisheitlichen Schriften (Weisheit, Jesus Sirach, Sprichwörter). Der jüdische Kanon wird auch *Tenak* genannt. Dieses Kunstwort fasst die Anfangsbuchstaben von **T**ora, **N**ebiim und **K**etubim zusammen.

Grundsätzlich entstehen solche Kanones immer dann, wenn die darin thematisierten Zeitepochen vorbei sind, also z.B. der Prophetenkanon, nachdem es keine Propheten mehr gibt, das Neue Testament nach dem Tod der ersten Apostelgeneration.

Jesus konnte auf den Tenak zurückgreifen. Er kannte aber neben den in den biblischen Kanon aufgenommenen Schriften noch weitere und zitierte sie.

Zeit	Abgeschlossene Teile	Inhalt
ca. 400 v. Chr.	Tora	Genesis bis Deuteronomium (die »fünf Bücher Mose«)
ca. 200 v. Chr.	Propheten	Sammlungen der Prophetenworte und der Geschichtsbücher Josua bis Könige
Zeit Jesu	Schriften	Psalmen, Sprichwörter, Hohelied, Ijob, Rut, Klagelieder, Kohelet, Esra, Nehemia, 1/2 Chronik, Daniel
397/419 n. Chr.	Ganzes Neues Testament	Synoden von Karthago und Hippo, Eusebius, Athanasius, Augustinus legten als Neues Testament 27 Schriften in ihrer Reihenfolge fest
397 n. Chr.	Spätschriften zum Alten Testament	Augustinus setzte die Aufnahme von 7 weiteren alttestamentlichen Schriften durch: Judit, Weisheit Salomos, Tobit, Jesus Sirach, Baruch, 1/2 Makkabäer

Matthäus 2,4-6:

Er ließ alle führenden Priester und Gesetzeslehrer im Volk Gottes zu sich kommen und fragte sie: »Wo soll der versprochene Retter geboren werden?«

Sie antworteten: »In Betlehem in Judäa. Denn so hat der Prophet geschrieben:«

Micha 5,1:

Doch dir, Betlehem im Gebiet der Sippe Efrat, lässt der HERR sagen: »So klein du bist unter den Städten in Juda, aus dir wird der künftige Herrscher über mein Volk Israel kommen. Sein Ursprung liegt in ferner Vergangenheit, in den Tagen der Urzeit.«

EINE BIBEL – ZWEI »TESTAMENTE«

Die Bibel besteht aus zwei großen Hauptteilen, die traditionell das »Alte« und das »Neue Testament« genannt werden.

Im Wort »Testament« klingt so einiges mit: endgültig, beständig, verbindlich ... Leider assoziieren wir aus dem heutigen Gebrauch des Begriffes »Testament« auch, dass ein neues Testament das alte ablöst, ja es sogar ungültig macht. Genau dies trifft aber auf die beiden Testamente der Bibel **nicht** zu!

Im Gegenteil: Die Schriften der Christenheit sind ohne die hebräische Bibel überhaupt nicht denkbar und zum Teil auch nicht zu verstehen. Einige Beispiele zeigen, wie nahe das »Alte Testament« den christlichen Schriften ist:

Jesus zieht auf einem jungen Esel nach Jerusalem ein. Die Evangelisten erinnern damit an Sacharja 9,9:

Freu dich, du Zionsstadt! Jubelt laut, ihr Bewohner Jerusalems! Seht, euer König kommt zu euch! ... Demütig ist er vor seinem Gott. Er reitet auf einem Esel, auf einem starken Eselshengst.

In Lukas 24 wird davon berichtet, wie die Jünger anhand der hebräischen Bibel allmählich verstehen, was es mit dem Tod Jesu auf sich hat:

Und Jesus erklärte ihnen die Worte, die sich auf ihn bezogen, von den Büchern Moses und der Propheten angefangen durch die ganzen Heiligen Schriften. (Lukas 24,27)

GOTTES WORT
IM MENSCHENWORT

Judentum und Christentum nennen die Bibel auch »Wort Gottes«, »Heilige Schrift«. Das führt manchmal zu dem Missverständnis, Gott habe die Bibel sozusagen Wort für Wort »diktiert«. Die Bibel selbst zeichnet hier jedoch ein ganz anderes Bild. So erzählt z. B. der Anfang des Lukasevangeliums ganz offen von dem komplizierten und offensichtlich nicht immer im gewünschten Maß zuverlässigen Prozess der Weitergabe der Botschaft Jesu, der den Verfasser des Evangeliums dazu gebracht hat, »all diesen Überlieferungen bis hin zu den ersten Anfängen« selbst »sorgfältig nachzugehen«, um sie dann »in der rechten Ordnung und Abfolge niederzuschreiben« (Lukas 1,3). Was ist es also, das die Bibel zum »Wort Gottes« macht?

Es gibt Erfahrungen, die wie Fenster sind, in denen unsere »normale« Lebenswirklichkeit plötzlich ganz anders erscheint als zuvor, in denen sie auf einmal durchsichtig wird auf einen Grund, der sie trägt, auf einen Sinn, der unverlierbar ist: auf die Hand Gottes, in der die Welt und alles Leben steht. Solche Erfahrungen sind nicht nur angenehm. Viele Menschen haben Gottes Nähe gerade in Zeiten der Not erfahren – mitunter auch solche, die zuvor mit der Botschaft der Bibel gar nicht viel anfangen konnten. Die Bibel erzählt an vielen Stellen von solchen Erfahrungen – und mehr noch: Wer sich intensiv auf ihre Botschaft einlässt, kann selbst die Erfahrung machen, dass hier Gott zu ihm, zu ihr spricht. Dann werden die Worte der Bibel zum erlösenden Wort, das aus Ängsten und Zweifeln befreit, zum Sinn stiftenden Wort, das dem Leben Halt gibt. So gesehen ist die Bibel Gottes Wort, ist sie Heilige Schrift. Aber dieses Wort wird hörbar und erfahrbar in Menschenworten.

Einige biblische Autoren betonen ausdrücklich, dass das, was sie zu sagen haben, eine Botschaft ist, die Gott ihnen aufgetragen hat. Dies gilt natürlich besonders für die Propheten. Der Prophet Ezechiël z. B. erzählt, wie Gott ihm befahl: »Du Mensch, geh nun zu den Leuten von Israel und verkünde ihnen die Worte, die ich dir sage« (Ezechiël 3,4). Aber auch wenn es – wie in großen Teilen des Alten Testaments – um scheinbar ganz weltliche Geschichte geht, wurde sie aufgeschrieben, weil Menschen in ihr das Wirken Gottes erkannten und weil die Erzählung davon anderen die Augen für Gottes Wirken auch in ihrem Leben öffnen kann.

DIE BIBEL LESEN – ABER WIE?

Da die Bibel ja wie gezeigt eine ganze Bibliothek beinhaltet, sollte man sich als Leserin oder Leser zunächst einmal auch vor sie stellen wie vor eine wirkliche Bibliothek: Regale voller Bücher, geordnet nach bestimmten Arten, wissenschaftliche Untersuchungen, Romane, Gedichtbände, Geschichtsbücher ... Auch ein »Katalog« steht da, in dem die ganze Sammlung namentlich aufgelistet ist.

Überlegen Sie einmal, nach welchen Kriterien Sie sich ein bestimmtes Buch ausleihen und lesen! Und nun übertragen Sie diese Kriterien auf die Bibliothek »Bibel« und wählen Sie nach Ihrem augenblicklichen Interesse. Ein paar Beispiele:

» Sie möchten zum ersten Mal »hineinschnuppern« und wichtige Teile aus der Bibel kennen lernen – dafür bieten sich erzählende Texte an, z. B. die Evangelien (zum Einstieg am besten Lukas). Im Alten Testament lesen Sie die ersten elf Kapitel sicher mit Spannung (siehe dazu die Seiten 18–19).

» Sie möchten etwas darüber erfahren, warum die Bibel aufgeschrieben wurde und welche Erfahrungen ihr zugrunde liegen – versuchen Sie es mit dem Buch Exodus (2 Mose).

» Sie interessieren sich für die Geschichte Israels – in den Samuelbüchern werden Sie fündig (natürlich auch an anderer Stelle, aber hier lässt es sich besonders leicht »einsteigen«).

» Sie suchen Auskünfte über bestimmte Personen der Bibel – im Anhang der Bibel gibt es ein Register, das Sie zu den einschlägigen Textstellen führt.

» Sie suchen Hilfe zum Beten – in den Psalmen können Sie die richtigen Worte finden, um Ihr Anliegen vor Gott zu bringen.

Es ist das Faszinierende an der Bibel, dass sie Texte aus jeder Lebenslage und -stimmung beinhaltet. In jedem Fall ist es sinnvoll, sich vor dem Aufschlagen des Buches darüber klar zu werden: Was erwarte ich mir von der Lektüre?

BETEN MIT DER BIBEL

Die meisten Menschen beten. Manche denken erst daran, wenn sie in Schwierigkeiten geraten; aber Statistiken zeigen, dass viele das Beten prinzipiell für wichtig halten. Tatsächlich ist das Gebet mehr als eine religiöse Pflichtübung. In der Bibel gehört es untrennbar zum Leben dazu, denn es bedeutet Umgang mit Gott. Alle großen Gestalten der Bibel – von Abraham und Sara über Mose, Mirjam und Elija bis hin zu Jesus und seinen Jüngerinnen und Jüngern – lebten aus einer solchen Gottesbeziehung, die im Gebet gründet.

Dabei kann ein Gebet sehr unterschiedliche Formen haben. Hilfreich ist etwa die Unterscheidung in Anbetung, Lob, Dank, Bitte und Fürbitte. Aber das Wesentliche bleibt immer, dass wir mit Gott in ein Gespräch mit Gott eintreten. Vor ihn dürfen wir alles bringen, was uns bewegt, und werden Trost und Ermutigung und vor allem seine Liebe erfahren.

Manchmal haben wir jedoch Mühe, eigene Worte zu finden. Oder wir beginnen ratlos um uns selbst zu kreisen. Dann kann es helfen, biblische Gebete nachzusprechen.

Die Psalmen Der Psalter war durch die Jahrhunderte hindurch das Gebetbuch Israels und aller christlichen Kirchen und ist es bis heute. Die Psalmen zeigen uns, wie man mit Gott reden kann. In ihnen wird all das ausgesprochen, was uns beschäftigt, bedrängt oder froh macht. Viele Psalmen kann man unmittelbar mit- und nachbeten. Versuchen Sie es z. B. in Zeiten großen Leids mit einem Klage-Psalm wie etwa Psalm 13. Er wird Ihnen helfen, die Sprachlosigkeit zu überwinden und aus der Fixierung auf den Schmerz herauszufinden – hin zu neuer Zuversicht und zum Vertrauen auf Gott. Ermutigung zum Gottvertrauen gerade in den dunklen Zeiten des Lebens haben Menschen aller Zeiten auch aus Psalm 23 erfahren, der Gott als den guten Hirten preist, der sich um seine Herde kümmert.

Das Vaterunser »Herr, sag uns doch, wie wir beten sollen«, sagten die Jünger (Lukas 11,1). Jesus gab ihnen darauf das Vaterunser (Matthäus 6,9-13; Lukas 11,2-4), nicht nur zum Nachsprechen, sondern auch als »Muster« für ein eigenes, freies Beten. In sieben Bitten ist dieses große Gebet aufgeteilt: In den ersten drei geht es um Gottes Ehre: »Geheiligt werde dein Name. Dein Reich komme. Dein Wille geschehe …« In den nächsten drei um unsere Nöte: »Gib uns … Vergib uns … Erlöse uns …« Am Schluss geht es wieder um Gottes Ehre: »Dein ist das Reich …«

Das ist der weite Horizont, in den Jesus unser Beten stellt. Es wäre so naheliegend, mit uns selbst und unseren Bedürfnissen zu beginnen. Jesus empfiehlt uns jedoch, mit Gott und seiner Ehre anzufangen. Er hat uns gelehrt, »unser Vater« zu sagen, und er weiß, dass wir uns auf diesen Vater im Blick auf unsere Nöte absolut verlassen können. Es ist also keinesfalls erforderlich, im Gebet einen widerwilligen, zögernden Gott auf unsere Seite zu ziehen. Er weiß, schon bevor wir ihn bitten, was wir brauchen, und schenkt es uns (Matthäus 6,32-33). Aber Beten ist viel mehr als die Bitte um Hilfe. Im Gebet machen wir Gottes Anliegen zu unseren und erhalten von ihm selbst die Kraft, in dieser Welt für sein Reich einzutreten.

REDEWENDUNGEN AUS DER BIBEL

Die Bibel hat nicht nur unseren Glauben geprägt. Viele Bilder und Zitate gingen als »geflügelte Worte« in die Alltagssprache ein:

Das ist ja ein Tohuwabohu!
Tohu wa bohu heißt auf Hebräisch »wüst und leer«. So sah die Erde nach der ersten Schöpfungserzählung anfangs aus! (Genesis 1,2)

Ihr sucht wohl einen Sündenbock!
Im Buch Levitikus (3 Mose) ist beschrieben, wie Israel den großen Versöhnungstag begangen hat: Für alle im Lauf eines Jahres angesammelte Schuld des Volkes werden zwei Böcke eingesetzt. Der eine wird als Sühnopfer geschlachtet. Dem anderen werden durch Handauflegung die Sünden Israels aufgeladen. Dann wird er im wahrsten Sinn des Wortes in die Wüste und »zum Teufel geschickt«, nämlich zum Wüstendämon Asasel. (Levitikus 16)

Der Mensch denkt und Gott lenkt!
Lebensweisheit aus dem Buch der Sprichwörter (Sprichwörter 16,9)

Jemandem die Leviten lesen
Das Buch Levitikus (3 Mose) enthält umfangreiche Verhaltensregeln. Sie betreffen den Gottesdienst und die Opfer, die von den Leviten durchgeführt wurden, aber auch das Leben in der menschlichen Gemeinschaft überhaupt.

Von Pontius zu Pilatus gehen
Jesus wird im Prozess von Pontius Pilatus, der zunächst keinen Anlass sieht, Jesus zu verurteilen, zu Herodes als dem für Jesus zuständigen Landesfürst geschickt. Dieser sandte ihn aber wieder zu Pilatus zurück. (Lukas 23)

Du redest wie ein Pharisäer!
Die besonders fromme Gruppe der Pharisäer gerät im Neuen Testament in die Kritik, sich selbst besser hinzustellen als sie sei. (Lukas 18,9-14) Vgl. aber zu den Pharisäern Seite 65!

Und viele Formulierungen aus der Lutherübersetzung:
etwas ausposaunen (Mt 6,2)
ein Dorn im Auge (Num 33,55)
im Dunkeln tappen (Dtn 28,29)
der wahre Jakob (Gen 27,36)
mit Füßen treten (1 Sam 2,29)
Gift und Galle (Dtn 32,33)
auf keinen grünen Zweig kommen (Ijob 15,32)
Jugendsünden (Ps 25,7)
Alles hat seine Zeit (Kohelet 3,1)
Brief und Siegel (Jer 32,44)
Wolf im Schafspelz (Mt 7,15)
ein Herz und eine Seele sein (Apg 4,32)

HILFEN ZUM BEGINNEN

Es gibt kein »Patentrezept« für das Bibellesen. Dennoch können einige ganz einfache Techniken helfen, die Worte der Heiligen Schrift intensiver und systematischer aufzunehmen:

» Mit »Stift« lesen, also Stellen, die mich besonders ansprechen oder herausfordern, im Text markieren oder durch eine Notiz kommentieren. Dadurch bleiben Entdeckungen erhalten.

» Den Zusammenhang einer Stelle (z. B. bei gottesdienstlichen Lesungen oder bei Versen aus dem Losungsbuch) mitlesen, denn oft sind die Abschnitte für sich allein genommen unverständlich.

» Querverweise (am Seitenrand oder unten) aufschlagen.

» Bei neutestamentlichen Texten die zitierten Stellen aus dem Alten Testament ganz lesen (z. B. Psalm 22 in der Passion!).

» Stichworte an verschiedenen Stellen der Bibel aufsuchen, z. B.: Was haben die Erzählungen gemeinsam, in denen Menschen auf einen Berg steigen (Mose – Elija – Jesus …)?

» Texte »wiederkäuen«: Einen Bibelvers morgens lesen und auswendig lernen und den Tag über immer wieder einmal bedenken … Er verändert sich … Sie werden sehen!

Daneben gibt es ein paar »Werkzeuge«, die es leichter machen, die Texte der Bibel zu verstehen:

» Eine Konkordanz (Verzeichnis der wichtigsten Worte, die in der Bibel vorkommen, zusammen mit den Stellen) hilft dabei, thematisch zu lesen. Man kann damit z. B. alle Stellen finden, in denen es um Wasser geht oder in denen der Ort Betlehem vorkommt. Manche Bibelausgaben haben eine Kurzkonkordanz im Anhang.

» Wer regelmäßig in der Bibel lesen und die Geschichte Gottes mit den Menschen dabei aus unterschiedlichen Blickwinkeln kennen lernen will, findet eine gute Hilfe in einem Bibelleseplan. Dieser schlägt für jeden Tag des Jahres einen bestimmten Bibelabschnitt vor. Die Leseeinheiten sind dabei aus verschiedenen biblischen Büchern zusammengestellt, sodass man nach und nach durch die wichtigsten Themen der Bibel geführt wird. Einen Bibelleseplan für ein Jahr finden Sie in den Umschlaginnenseiten dieses Buches.

DAS ALTE
TESTAMENT

DER ANFANG DER BIBEL: URSPRÜNGE UND GRUNDRISSE

Es gibt Grundfragen über die Welt, das menschliche Leben und über Gott, die sich irgendwann alle Menschen stellen, unabhängig von ihrer Kultur und Religion. Die ersten elf Kapitel des Buches Genesis (= »Ursprung«) wurden an den Anfang der Bibel gestellt, weil sie versuchen, solche Fragen zu beantworten:

Warum ist die Welt so, wie sie ist – wunderbar und doch unvollkommen? Ist sie geschaffen worden oder zufällig? Hat der Mensch eine Aufgabe darin? Wie wird aus einem unschuldigen Kind ein Verbrecher? Woher kommen Streit, Herrschaft und Missverständnisse zwischen Menschen? Darf man Lebewesen töten? Und vor allem – ist da jemand, die/der/das unser Leben in der Hand hält?

Die Erzählungen der Bibel geben keine wissenschaftliche Antwort. Sie sprechen in bildhafter Weise von Grundrissen und Ursprüngen, die auch heute noch erfahrbar sind, für die uns aber meist die Worte fehlen. Es sind tiefgründige Texte, die man am besten *zweimal* liest: einmal so, wie sie geschrieben sind, und ein zweites Mal so, dass wir den Menschheitsfragen nachspüren, um die es in den Texten geht, und sie mit uns in Verbindung bringen. Also z. B. die Geschichte von Kain und Abel: Wie kommt es dahin, dass ein Bruder seinen Bruder umbringt? Wie kann ein Mensch weiterleben, der so schwere Schuld auf sich geladen hat? Die Geschichte in 1 Mose/Genesis 4 gibt Antwort auf solche Fragen.

Zwei **»rote Fäden«** lassen sich in 1 Mose/Genesis 1–11 beobachten:

» Die Geschichten, die hier zusammengestellt sind, erzählen davon, wie die Schuld der Menschen immer größer wird – bis ihr zerstörerischer Charakter in der Sintflutgeschichte unüberbietbar deutlich wird.

» Trotz dieser Schuld lässt Gott sein Geschöpf nicht im Stich. Der Treulosigkeit des Menschen steht die Treue Gottes gegenüber, der zuletzt verspricht, dass er »die Erde nicht noch einmal bestrafen« will, »nur weil die Menschen so schlecht sind« (1 Mose/Genesis 8,21).

AM ANFANG SCHUF GOTT DEN HIMMEL UND DIE ERDE ...

Betrachtet man den Weltraum mit seinen Milliarden von Galaxien und mitten darin unsere phantastische Erde, so fangen heute auch die skeptischsten Wissenschaftler an, am Zufall zu zweifeln.

600 Jahre vor Christus sangen Juden in der Verbannung in Babylon das großartige Lied, das beschreibt, wie Gott in einer Woche die Welt erschuf. Sie wollten damit keinen Bericht abliefern, der naturwissenschaftliche Erkenntnisse über die Entstehung der Welt enthielt. Ihnen war es wichtig, darzustellen, dass die fast unglaubliche Möglichkeit unseres Daseins in einer Umgebung, die alles bereithält, was wir zum Leben benötigen, von Gott geschaffen wurde. Noch heute zählt der jüdische Kalender deshalb die Jahre seit der Schöpfung (auch wenn dies keine »historische« Zählung ist). Im Jahr 2020 n. Chr. beginnt z. B. in Israel das Jahr 5781 nach der Schöpfung.

Das Weltbild des Schöpfungsliedes unterscheidet sich stark von unserem heutigen. Vor allem drei Grundaussagen spiegelt dieses Weltbild (1 Mose/Genesis):

Alle Teile der Schöpfung hängen zusammen: Der Mensch (hebräisch *adam*) mit seinem Blut *(dam)* stammt von der Erde *(adama)*; das Meer *(majim)* liegt unter dem Bogen des Himmels *(schamajim)*.

Schöpfung bedeutet Begrenzung (Wasser und Land, Licht und Dunkel, Mensch und Tier ...). Der Mensch muss lernen mit seinen Grenzen zu leben, dann wird es ihm in der Schöpfung wohlergehen.

Die bedrohenden Mächte (Urflut) sind auch in der Schöpfung vorhanden, aber wer dem Schöpfer vertraut, braucht sich vor ihnen nicht zu fürchten.

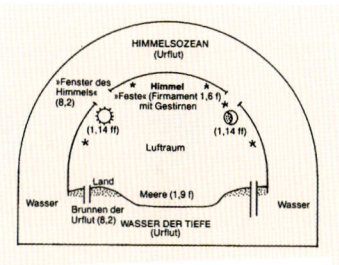

Das Weltmodell nach Genesis 1 und 2,6

VÄTERGESCHICHTE

Im zweiten Teil des 1. Buches Mose/Genesis sind Geschichten von den Vätern und Müttern Israels gesammelt.

Ging es in Kap. 10–11 noch um die gesamte Völkerwelt, so beginnt nun mit Abraham und Sara die Geschichte des Volkes Israel. Gott wollte sich ein Volk schaffen, das eine besondere Beziehung zu ihm hat, sodass alle anderen Völker erkennen können: Gott zu vertrauen, bringt Heil. Er beruft Abraham und verheißt ihm, dass seine Nachkommen zu einem großen Volk werden und ein blühendes Land besitzen sollen. Abraham gilt als Beispiel für einen unerschütterlichen Glauben: Er folgt Gottes Wort und verlässt seine Heimat Ur in Chaldäa, um in das Land zu ziehen, das Gott ihm zeigen will (Kap. 12). Obwohl die verheißenen Nachkommen lange ausbleiben, hält er an seinem Glauben fest.

Erst in hohem Alter bekommen Abraham und Sara den lange ersehnten Sohn Isaak. Mit der Geburt dieses Kindes zu einem Zeitpunkt, als Abraham und Sara schon lange keinen Nachwuchs mehr erwarten können, handelt Gott wiederum als Schöpfer und erfüllt sein Versprechen an Abraham. Isaak heiratet Rebekka. Sie bekommen Zwillinge: Esau und Jakob.

Jakob ist der jüngere der Brüder, doch er erschleicht sich durch eine List den Segen des Vaters, der eigentlich dem Erstgeborenen zusteht. Vor Esaus Rache flieht er nach Haran und heiratet dort Lea und Rahel. Sie haben zwölf Söhne. Jakob bekommt als Zeichen des Segens von Gott einen neuen Namen: Israel (Kap. 32).

Später wird Jakobs Lieblingssohn Josef von seinen Brüdern aus Eifersucht nach Ägypten verkauft. Dort gerät er unschuldig ins Gefängnis, steigt dann aber aufgrund seiner Fähigkeit, Träume zu deuten, zum Stellvertreter des Pharaos auf. Wegen einer Hungersnot kommen die Brüder Josefs mit ihren Familien nach Ägypten. Josef verzeiht ihnen und lässt sie in Ägypten leben (Kap. 37–50). Dort wird aus ihren Nachkommen das Volk Israel. Die zwölf Stämme haben ihre Namen von den zwölf Söhnen Jakobs.

DER BUND

An vielen Stellen berichtet das Alte Testament, dass Gott einen Bund mit den Menschen schließt. Dabei meint »Bund« allerdings nicht einen Vertrag zwischen gleichberechtigten Partnern. Das hebräische Wort bedeutet eigentlich »Verpflichtung/Bestimmung«. Die Initiative dazu geht immer von Gott aus: Er sagt Heil und Segen zu und verpflichtet die Menschen zur Treue gegenüber Gott und seinen Geboten.

Gottes Bund mit Noach Noach und seine Familie sind die Ersten, mit denen Gott seinen Bund schließt. Nach der Sintflut verspricht er ihnen, die Schöpfung nie mehr zu vernichten (1 Mose/Genesis 9,8-17). Als sichtbares Zeichen dieser Selbstverpflichtung, die der ganzen Welt gilt, soll der Regenbogen am Himmel stehen.

Gottes Bund mit Abraham Die zweite Bundeszusage ist auf einen engeren Kreis beschränkt: Gott verspricht Abraham eine große Nachkommenschaft und ein blühendes Land (1 Mose/Genesis 15,18). Zugleich erwählt er Abrahams Nachkommen zu seinem geliebten Volk. Das Zeichen dieses Bundes ist die Beschneidung. Sie soll das Gottesvolk von den anderen Völkern unterscheiden.

Gottes Bund mit dem Volk Israel Am Berg Sinai schließt Gott mit dem Volk Israel einen weiteren Bund. Nachdem Gott das Volk aus Ägypten befreit und in der Wüste fürsorglich geleitet hat, wird Israel nun dazu aufgerufen, sein Leben als Antwort auf Gottes Handeln zu gestalten und ganz an seinen Geboten auszurichten (2 Mose/Exodus 19). Bei dieser Verpflichtung geht es um die Gemeinschaft zwischen Gott und den Menschen. Der Bund Gottes mit seinem Volk ist ein Bund der Liebe, und diese kann nicht bestehen, wenn sie nicht erwidert wird.

Der neue Bund Ob sich Israel als Gottes auserwähltes Volk bewährt, ist das Thema seiner ganzen Geschichte. Vor allem die Propheten erinnerten das Volk und seine Könige immer wieder an ihre Bundesverpflichtung, wenn sie sich durch Götzendienst und soziale Ungerechtigkeit davon entfernten. Die Katastrophen in der Geschichte Israels wurden entsprechend als gerechte Strafe Gottes für solchen Ungehorsam gedeutet. Zugleich entstand bei den Propheten die Erwartung eines »neuen Bundes«, bei dem Gott seinem Volk das Gesetz »in Herz und Gewissen schreiben« (Jeremia 31,31-34) und damit selbst für die Einhaltung des Bundes sorgen werde.

Die ersten Christen sehen diese Erwartung in Jesus Christus erfüllt. Durch seinen Tod am Kreuz begründet er den neuen Bund, der nicht mehr nur dem Volk Israel, sondern allen Menschen gilt und ihnen die Vergebung ihrer Sünden zuspricht.

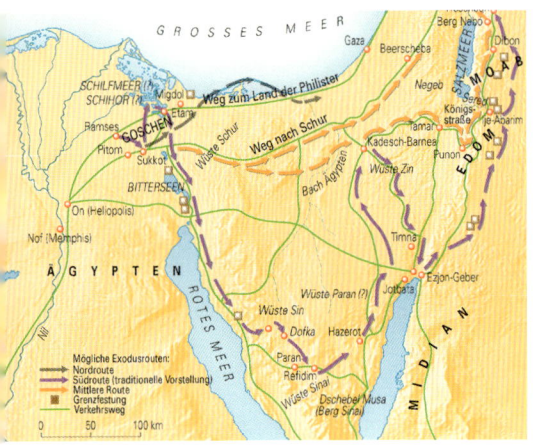

brücke durch den Balahsee. Die Erfahrung, auf geradezu unglaubliche Weise aus der Unterdrückung gerettet zu werden und sogar in den Wüsten des Sinai bewahrt zu werden, prägte den Glauben dieser Menschen zutiefst. Die »Rettung am Schilfmeer« wurde besungen und weitererzählt, bis sie etwa 600 Jahre später aufgeschrieben wurde. Die Texte dienten auch als Mahnung an das Volk: Erinnert euch daran, dass Israel nicht aus eigener Leistung besteht, sondern sich ganz und gar der Hilfe Gottes verdankt!

Das »Buch der Namen« Im Judentum heißt das 2. Buch Mose »Schemot« (Namen). Das hat seinen Grund darin, dass in diesem Buch der Name Gottes offenbar wird. In Exodus 3,14 nennt sich Gott »Ich bin der Ich-Bin-Da«. Die Stelle lässt sich kaum übersetzen, darum gibt es in verschiedenen Bibelausgaben Varianten. Vgl. zu den Gottesnamen auch Seite 39.

DER AUSZUG AUS ÄGYPTEN

Das Buch **Exodus** (= »Auszug«) beschreibt, wie das Volk Israel in Ägypten geknechtet und schließlich durch Gott gerettet wird. Dahinter steht die Erinnerung an bestimmte geschichtliche Ereignisse: Im 2. Jahrtausend v. Chr. zogen palästinische Nomadengruppen immer wieder nach Ägypten, wenn in ihren Heimatgebieten die Nahrung für Mensch und Tier knapp wurde. Die fruchtbare Gegend am Nil war Inbegriff lebensrettender Fülle für in Not geratene »Gastarbeiter«. Zur Zeit des sieben Jahrzehnte herrschenden Pharaos Ramses II (1279–1212 v. Chr.) gerieten solche Menschen zunehmend unter Druck und wurden offenbar für die gewaltigen Bauprojekte der neuen Städte Pitom und Ramses ausgebeutet. Unter Anführung eines kundigen Führers (Mose) gelang es ihnen zu fliehen, und zwar vermutlich auf der mittleren Route (Karte) über eine sumpfige Land-

---

Jahwe oder Jehova?

Aus Ehrfurcht vor Gott scheuten sich die Israeliten, seinen Namen auszusprechen. So schrieben sie zwar die vier Buchstaben JHWH, sprachen aber anstelle dessen ADONAI (= Herr). Als Merkhilfe schrieb man später zu den Buchstaben JHWH die Vokale von Adonai:

J H W H + A^{e}D^{o}N^{a}I = J^{e}H^{o}W^{a}H

Dies war, wie gesagt, nur eine schriftliche Merkhilfe. Gesprochen wurde der Gottesname so nie. Im Griechischen wurde daraus Kyrios (Herr). Die einzige Form, in der der Name Gottes als Kurzform ausgesprochen wurde, liegt im Lobpreis vor: Hallelu-JAH!

DIE ZEHN GEBOTE UND DAS GESETZ

Sowohl für das Judentum als auch für das Christentum gehören die »Zehn Gebote« zu den zentralen Texten der Bibel und zu den Kernstücken des Glaubens. (Auch der Islam hat sie übernommen und verkündet in der 17. Sure des Korans eine Reihe zentraler Gebote, die stark an sie erinnern.) Die Bibel bringt die Verkündigung der Zehn Gebote mit dem Bund in Zusammenhang, den Gott am Sinai mit seinem Volk schließt. In ihnen kommt in konzentrierter Form die damit verbundene Verpflichtung zum Ausdruck, das ganze Leben an Gottes Willen auszurichten.

Die Tora als »Geländer des Lebens« Den Worten »Gesetz« oder »Gebot« haftet im Deutschen oft der Beigeschmack von Abgrenzung und Strafe an. Erlaubt ist, was nicht verboten ist. Das war in Israel und seinen biblischen Gesetzestexten anders. Schon die andere Begrifflichkeit zeigt dies: Israel nennt das Gesetz Tora, das bedeutet Wegweisung. Die Tora ist für Israel und das Judentum ein großes Geschenk Gottes. Sie zeigt dem Einzelnen und dem Volk, auf welche Weise Leben gelingen kann. Sie setzt die Befreiung aus Ägypten fort und macht aus den Geretteten ein überlebensfähiges Volk. Darum steht über beiden biblischen Fassungen der Gebote (2 Mose/Exodus 20 und 5 Mose/Deuteronomium 5) der Satz:

»Ich bin der HERR, dein Gott! Ich habe dich aus Ägypten herausgeführt, ich habe dich aus der Sklaverei befreit.«

Bis heute feiern die Juden jedes Jahr ein Fest mit dem Namen »Simchat Tora« (Freude an der Weisung). Dabei werden bei fröhlichem Tanz und Gesang die Torarollen durch die Synagoge getragen, enthalten sie doch das Beste, was Gott seinem Volk gegeben hat!

Brauchen Christen die Tora des Judentums?
Neben den 10 Geboten gibt es in der hebräischen Bibel viele Einzelanweisungen für das Volk Israel. Sie betreffen zum einen das Zusammenleben im Staat, zum anderen die Ausübung der Religion. Viele davon sind zeit- und kulturbedingt (z. B. Anweisungen für den Altarbau in 2 Mose/Exodus 20 oder die Regelung zur Sklavenhaltung in 2 Mose/Exodus 21) und haben sich überlebt. Andere wurden nach eingehender Diskussion vom Christentum abgelehnt (z. B. die Pflicht zur Beschneidung im sogenannten Apostelkonzil, Apostelgeschichte 15). Regelungen der Strafgesetzgebung wurden durch staatliche Gesetze abgelöst (z. B. die Regelungen bei Diebstahl, Mord etc. in 2 Mose/Exodus 22). Viele für das Sozialverhalten wichtige Regeln (2 Mose/Exodus 22,20-26) können aber bis heute eine Herausforderung sein, über die Stimmigkeit unseres Handelns nachzudenken. Eine zusammenfassende Würdigung der Position Jesu zum jüdischen Gesetz finden Sie in Matthäus 5,17-48.

Das Sinaigebirge

DIE FESTE ISRAELS

Das Judentum ist eine Religion mit einer ausgeprägten Festkultur. Viele der jüdischen Feste waren ursprünglich Hirten- und Bauernfeste, die später der feierlichen Erinnerung an Gottes rettende Taten in der Geschichte gewidmet wurden. Sie kehren im Laufe des Jahresrhythmus wieder.

Das **Passafest (Pesach)** erinnert an die Befreiung Israels aus der Sklaverei in Ägypten. In biblischer Zeit opferten die Familien am Vorabend dieses Festes ein Lamm. Seit der Reform unter König Joschija (siehe Seite 36) durfte dies nur noch in Jerusalem geschehen. Zu Beginn der Feier in der Familie wird die Auszugsgeschichte erzählt. Die Speisen des Passamahls erinnern alle an eine Einzelheit des damaligen Geschehens (2 Mose/Exodus 12). Gefeiert wird das Passa im März/April.

Unmittelbar danach schließt sich das **Fest der ungesäuerten Brote (Mazzot)** an. Es erinnert an die Zeit der Wüstenwanderung: So wie die Israeliten beim Auszug aus Ägypten nur ungesäuertes Brot hatten, da ihnen keine Zeit geblieben war, Sauerteigbrot zu backen, so essen auch die Juden in dieser Festwoche nur ungesäuertes Brot.

Das zweite große Jahresfest ist das **Wochen- oder Pfingstfest (Schavuot)**, das den Abschluss der Weizenernte feiert. Es beginnt 50 Tage nach der Gabe der Erstlingsfrüchte der Ernte und ist ein Dank für Gottes Segen über Feld und Flur. Später wurde es zum Gedenktag der Verkündigung des Gesetzes am Sinai (siehe S. 23). Gefeiert wird das Wochenfest im Mai/Juni.

Das abschließende Erntefest im Jahreslauf ist das **Laubhüttenfest (Sukkot)** zur Zeit der Weinernte im Herbst. Es wurde mit einer Wallfahrt nach Jerusalem gefeiert. Die Menschen lebten in dieser Festwoche in kleinen Laubhütten, wahrscheinlich wohnte man ursprünglich

Anzünden des Chanukka-Leuchters

Zur Feier des Laubhüttenfestes wird ein Strauß aus Zweigen von Palmen, Myrten und Bachweiden sowie einer Zitrusfrucht zusammengestellt.

so zur Zeit der Weinlese in den Weinbergen. Später erinnerte dieses Fest an die Zuwendung Gottes zu den Israeliten während der Zeit der Wüstenwanderung. Gefeiert wird das Laubhüttenfest im September/Oktober.

Der **Versöhnungstag (Jom Kippur),** fünf Tage vor dem Laubhüttenfest war zu alttestamentlicher Zeit der heiligste Tag im Jahr. An ihm soll niemand arbeiten, denn das ganze Volk bekennt vor Gott seine Sünden und bittet um Vergebung. Nur an diesem Tag betrat der Oberste Priester das Allerheiligste im Tempel und besprengte zur Sühne der Schuld den Altar mit dem Blut eines Opfertieres. Außerdem wurde ein Ziegenbock symbolisch mit den Sünden Israels beladen (Sündenbock) und in die Wüste getrieben, um die Sünden wegzutragen.

Das **Neujahrsfest (Rosch Haschana)** erinnert an die Schöpfung der Welt durch Gott und wird im September/Oktober gefeiert, denn das jüdische Jahr beginnt im Herbst.

Das **Lichterfest (Chanukka)** feiert den Sieg des Judas Makkabäus und die Wiedereinweihung des Tempels 165 v. Chr. Es dauert acht Tage.

An jedem dieser Tage wird an einem achtarmigen Leuchter ein weiteres Licht entzündet, ein Extralicht dient dem Anzünden der anderen. Gefeiert wird das Lichterfest im November/Dezember.

Das **Purimfest** erinnert an die Rettung des Volkes durch Ester (Ester 9) und wird im Februar/März gefeiert.

Feier des Passamahls

DIE LANDNAHME

Nachdem Mose gestorben war, zogen die Israeliten unter Führung Josuas in das »Verheißene Land« ein. Das Buch Josua berichtet, dass sie hart darum kämpfen mussten, das Land Kanaan in Besitz zu nehmen. Drei Feldzüge werden beschrieben: ein zentraler Vorstoß gegen Jericho, ein Eroberungsfeldzug im Süden und einer im Norden des Landes. Die Stämme ließen sich in den verschiedenen Gebieten nieder.

Die Inbesitznahme des Landes wird sich allerdings nicht so zügig und systematisch vollzogen haben, wie sie sich in der Rückschau des Josuabuches darstellt. Doch auch Josua versteht die Eroberung nicht als rein militärische Aktion. Sie vollzieht sich so, dass auf Schritt und Tritt deutlich wird: In Besitz des Landes kommt das Volk nicht durch seine kriegerische Überlegenheit, sondern durch den Beistand seines Gottes, der Mauern zum Einsturz bringt (Josua 6) und die Bewohner des Landes in Furcht und Schrecken versetzt (Josua 2,9-11;

10,10-11; 11,6-8). Deutlich wird auch, dass die Israeliten die früheren Landesbewohner nicht völlig vertrieben, sondern sich zwischen ihnen ansiedelten. Von den Kanaanitern übernahm das Nomadenvolk der Israeliten den Ackerbau und lernte zugleich die damit verbundenen religiösen Praktiken kennen. Waren es also die Götter des Landes, die ihnen die Ernte schenkten? Die Versuchung, nicht nur Gott allein, sondern auch diesen anderen Göttern zu dienen, war groß. Wenn das Buch Josua die Inbesitznahme des Landes so beschreibt, als seien die Kanaaniter völlig ausgerottet worden, so will es darstellen, wie die Landnahme hätte verlaufen müssen, damit diese Versuchung mit der Wurzel ausgerottet worden wäre.

Im Buch der Richter wird es als Folge solcher Verfehlungen angesehen, wenn Gott scheinbar seine schützende Hand von Israel nahm und es kriegerischen Angriffen ausgesetzt war.

Von vier Eroberungsversuchen wird erzählt, die das Volk nach dem Tod Josuas abwehren musste. In solchen Notzeiten berief Gott »Retter«, die das Volk beim Zurückdrängen der Feinde anführten. Sie werden die »großen« Richter genannt. Am bekanntesten sind Debora, Gideon und Simson. Daneben gab es sogenannte »kleine« Richter, die das eigentliche Richteramt ausführten. Unter den Richtern gelang es allerdings nicht, das Land auf Dauer zu einigen. Deshalb entstand unter den Israeliten der Wunsch nach einem König.

Aus Ehrfurcht vor der Heiligen Schrift benutzen Juden beim Lesen der Torarolle einen Zeiger, um die Schrift nicht mit dem Finger zu berühren.

DIE GESETZESBÜCHER

Die fünf Bücher Mose erzählen vom Werden des Volkes Israel und seiner Geschichte bis zu dem Zeitpunkt, als das Volk beginnt, das Land Kanaan in Besitz zu nehmen. Großen Raum nehmen darin Gesetze ein, die das Zusammenleben des Volkes mit Gott und miteinander regeln. Deshalb werden diese Bücher als Gesetzesbücher bezeichnet. Für das Judentum sind sie das Herzstück der Heiligen Schrift.

Inhaltlich bilden diese Bücher eine Einheit. Nur aus praktischen Gründen wurden sie in fünf Teile zerlegt: Man schrieb auf Tierhäute, die zu langen Bahnen zusammengenäht und als Rollen aufbewahrt wurden. Da die Länge solcher Rollen begrenzt war, musste das umfangreiche Geschichts- und Gesetzeswerk auf fünf Rollen aufgeteilt werden.

Im Griechischen nennt man diese Bücher deshalb **Pentateuch** («Fünfrollenbuch«), im Hebräischen heißen sie Tora – »Göttliches Gesetz« oder »Göttliche Weisung«. Evangelische Christen kennen sie als erstes bis fünftes Buch Mose, katholische Christen in der Regel unter den Namen, die sie in der lateinischen Ausgabe der Bibel, der Vulgata, haben:

Das erste Buch Mose trägt den Namen **Genesis** (griechisch: Entstehung, Ursprung), weil es von einem doppelten Anfang handelt: dem

der Welt und dem des Volkes Israel. Beide entspringen dem Leben schaffenden Handeln Gottes.

Das zweite Buch Mose schildert die Geschichte der in Ägypten versklavten Israeliten und ihren Auszug aus der Sklaverei unter Führung von Mose. Deshalb trägt es den Namen **Exodus** (= Auszug).

Das dritte Buch Mose beinhaltet vorwiegend gottesdienstliche Ordnungen. Es wird **Levitikus** genannt, weil die Befolgung dieser Vorschriften hauptsächlich Sache der Leviten war, der Priester aus dem Stamm Levi. Hinzu kommen aber auch Regeln für das Verhalten in der menschlichen Gemeinschaft.

Das vierte Buch Mose heißt in der lateinischen Bibel **Numeri** (= Zahlen), weil in ihm zweimal von einer Volkszählung unter den Israeliten die Rede ist.

Das fünfte Buch Mose wird auch **Deuteronomium** genannt. Das Wort bedeutet »Zweites Gesetz«. Es wird von einer Art zweiten Gesetzgebung durch Mose berichtet – vor dem Eintritt in das versprochene Land. Viele Gesetze entsprechen denen der anderen Mosebücher. Neu ist jedoch die Vorschrift, Gott nur noch an einem einzigen Ort im Land Opfer zu bringen: am Tempel in Jerusalem.

WO WOHNT GOTT?

In Jesaja 66,1 lesen wir:

Der HERR sagt: »Der Himmel ist mein Thron, die Erde mein Fußschemel. Was für ein Haus wollt ihr da für mich bauen? Wo ist die Wohnung, in der ich Raum finden könnte?«

Obwohl die Israeliten natürlich wussten, dass Gott sich nicht in einem Gebäude »unterbringen« lässt, war es ihnen wichtig, einen herausgehobenen Ort für die Begegnung mit Gott zu haben.

Das »Zelt der Begegnung« Solange die Israeliten umherzogen, konnten sie keinen festen Tempel bauen. Die »Wüstentexte« (2 Mose/Exodus – 4 Mose/Numeri) erzählen aber ausführlich von einem transportablen Zeltheiligtum, das an verschiedenen Orten immer wieder aufgebaut werden konnte. Sein Platz war in der Mitte des Lagers, denn Gott sollte der Mittelpunkt allen Lebens sein. Das Innerste von Gottes Wohnplatz war ein innen mit farbiger Leinwand und außen mit Tierfellen bespannter Holzrahmen (2 Mose/Exodus 26). In der Lutherbibel heißt das Zelt »Stiftshütte«.

Das Allerheiligste Im Innern des Zeltes befanden sich zwei Räume: Der kleinere innere Raum wurde das Allerheiligste genannt. Dort stand die Bundeslade: ein Kasten aus Akazienholz (ca. 120 × 80 × 80 cm), in dem das »Grundgesetz« Israels, die Gebote, lagen. Auch ein Krug mit Manna und der Stab Aarons befanden sich in der Lade (2 Mose/Exodus 16,33; 4 Mose/Numeri 17,25). Der Behälter war mit Gold überzogen und wurde mit zwei Stäben getragen, die mit Ringen an den Längsseiten der Lade befestigt waren (2 Mose/Exodus 25,12-15). Auf dem Deckel befanden sich zwei Cheruben (Engelwesen) aus Gold. Vor der Bundeslade sollten Mose, Aaron und später die Obersten Priester Gottes Weisung erhalten. (2 Mose/Exodus 25,10-22)

So könnte das »Zelt der Begegnung« ausgesehen haben.

Das Heilige Im äußeren Raum des Zeltes standen der Räucheraltar, ein siebenarmiger Leuchter (die Zahl Sieben symbolisierte die Treue Gottes zu seinem Bund mit Israel) und der Tisch mit den zwölf Schaubroten. Diese wurden an jedem Sabbat gegen frisch gebackene ausgetauscht, während die alten von den Priestern gegessen wurden. Die Brote waren Erinnerung daran, dass alles, was das Leben erhält, zuletzt von Gott kommt. (2 Mose/Exodus 25,23-40)

Der Vorhof Eine Abgrenzung aus Vorhängen fasste den äußeren Bereich ein. Priester und Leviten durften ihn betreten. Vor dem Zelt stand ein kupfernes Wasserbecken für die rituelle Reinigung vor dem Opfer und der Brandopferaltar (2 Mose/Exodus 27).

Vom Zelt zum Tempel Nachdem die Israeliten in Kanaan sesshaft geworden waren, stand das Zeltheiligtum nacheinander in Schilo (Josua 18,1), Nob (1 Samuel 21) und Gibeon (1 Chronik 16,39). Im Vergleich zu den bereits über 1000 Jahre lang bestehenden kanaanäischen Tempeln in Hazor, Megiddo und an anderen Orten wirkte Israels »Hütte« wohl recht provisorisch und wenig dauerhaft. David brachte die Bundeslade in die neue Königsstadt Jerusalem und sein Sohn Salomo baute dort den ersten Tempel Israels.

Der Tempel Salomos Salomo erweiterte das am Hang liegende Stadtgebiet Jerusalems erheblich nach Norden. Auf dem Gipfelplateau des Tempelberges errichtete er ein Stadthei-

ligtum in unmittelbarem Bezug zum Königspalast. Die Langhausform übernahm er von den umliegenden Tempeln der Spätbronzezeit, unterstrich aber die Längsausrichtung mehr (das Innere maß etwa 10 × 30 m). Damit betonte er die Unverfügbarkeit Gottes (2 Mose/Exodus 19,12.21; 2 Samuel 6,6; Jesaja 6). Der für die Region außerordentlich große Bau sollte außerdem zeigen, dass dem Gott Israels eine unvergleichbare Stellung zukommt und Salomo ein von ihm geschützter mächtiger König ist.

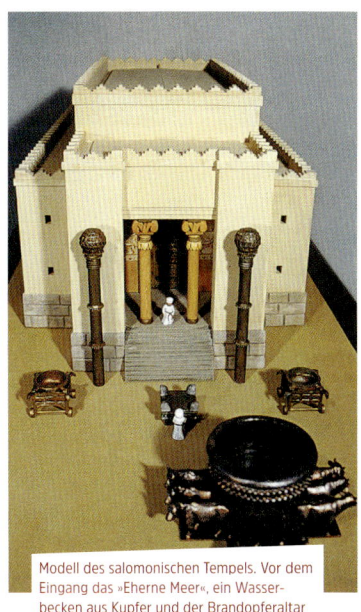

Modell des salomonischen Tempels. Vor dem Eingang das »Eherne Meer«, ein Wasserbecken aus Kupfer und der Brandopferaltar

Salomo übernahm aus Ägypten ein überraschendes Gestaltungselement für das *Allerheiligste:* Statt eines Podiums oder einer Nische (wie in anderen Tempeln) installierte er in den 15 m hohen Raum einen Holzwürfel mit 10 m Seitenlänge, einen Tempel im Tempel. Der mit Türen verschließbare Schrein entsprach dem inneren Raum des Zeltes. Ein überdimensionaler Cherubenthron, der den Raum in der Breite ausfüllte, galt als Sitz des unsichtbaren Gottes. Dem Bilderverbot Israels entsprechend war der Tempel so ein Ort der Nicht-Darstellung Gottes.

Der »zweite Tempel« Im Sommer des Jahres 587 v. Chr. ließ der babylonische König Nebukadnezzar den Tempel Salomos niederbrennen (2 Könige 25,9). Hier ist auch zum letzten Mal von der Bundeslade die Rede. Der Perserkönig Kyros erlaubte 539 v. Chr. einen Neubau, der im 2. Jahrhundert v. Chr. geplündert und teilweise zerstört wurde (1 Makkabäer 1).

Der Tempel des Herodes König Herodes der Große ließ den Tempel prachtvoller denn je wieder aufbauen: Jesus ging in diesem gewaltigen Heiligtum ein und aus. Mit einer Fläche von 14 Hektar gehörte er zu den größten Sakralanlagen des römischen Reiches. Kein Wunder, dass die Provokation vom »Neubau des Tempels in drei Tagen« (Matthäus 27,40) Aufruhr erregte. Mit seiner Zerstörung am 29. August 70 n. Chr. fand die Mitte des Judentums ein vorläufiges Ende. Erst am Jüngsten Tag wird der Messias nach jüdischem Glauben erneut durch das (heute zugemauerte) Goldene Tor nach Jerusalem einziehen und den Tempel neu errichten. Dann wird Gott für immer bei seinem Volk wohnen.

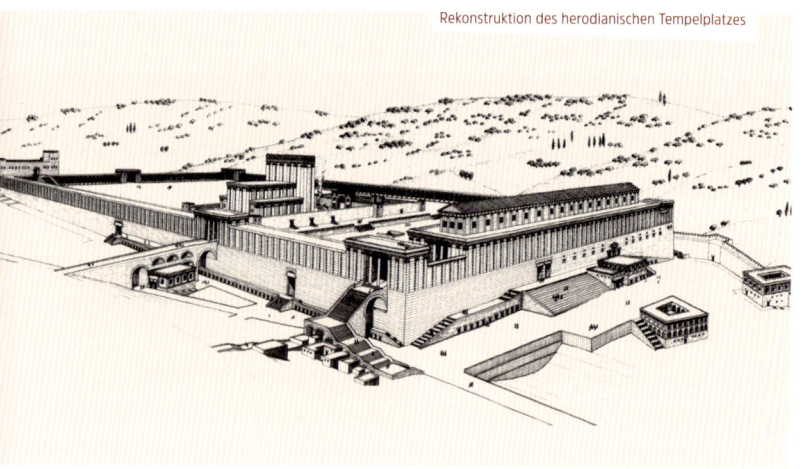

Rekonstruktion des herodianischen Tempelplatzes

Der Tempel des Herodes hatte wesentlich größere Ausmaße als der salomonische – hier ein Modell, das sich in Jerusalem befindet.

Ruinen des Stadttors von Lachisch, einer Garnisonsstadt in Juda

DIE GESCHICHTS-BÜCHER

Die Bücher Josua und Richter, die Samuel-, Könige- und Chronikbücher sowie die Bücher Esra und Nehemia berichten die Geschichte Israels von der Eroberung Kanaans bis zur Rückkehr aus dem Exil in Babylon. Ergänzt werden sie von den Büchern Rut und Ester, in denen von der Urgroßmutter Davids erzählt wird (Rut) und von der jüdischen Frau des persischen Königs Artaxerxes, die ihr Volk rettet (Ester).

Die Verfasser der Geschichtsbücher widerstanden meist der Versuchung, die Geschichte zu glorifizieren und nur Erfolge darzustellen. Sie schildern auch die Verfehlungen Israels. Sie waren überzeugt, dass es dem Volk gut ging, wenn es auf Gott vertraute und nach seinen Gesetzen lebte, wenn es sich aber von Gott abwandte, musste es leiden.

Die Bücher Josua und Richter geben einen Einblick in die Zeit, bevor die zwölf Stämme Israels sich zu einem Staat zusammenschlossen. In den Samuel-, Königs- und Chronikbüchern wird die Entstehung des israelischen Königtums beschrieben, der Aufstieg Israels unter König David und die Blütezeit unter seinem Sohn Salomo, das Auseinanderfallen des Reiches in den Nordteil Israel und den Südteil Juda

und schließlich der Niedergang bis zum Untergang erst des Nord- und dann des Südreiches.

Die Geschichtsbücher lassen sich zu zwei großen »Geschichtswerken« zusammenfassen: Die Bücher Josua, Richter, Samuel und Könige bilden das sogenannte deuteronomistische Geschichtswerk. Darin wird unter dem Eindruck der Zerstörung Jerusalems (578 v. Chr.) die Geschichte Israels als eine Geschichte des Ungehorsams gegenüber Gott gedeutet. Deshalb musste die Katastrophe über Israel kommen, die das deuteronomische (zweite) Gesetz für diesen Fall androht.

Die beiden Chronikbücher, die denselben Geschichtsabschnitt behandeln wie die Bücher Samuel und Könige, bilden zusammen mit den Büchern Esra und Nehemia das sogenannte chronistische Geschichtswerk. Entstanden ist es um 300 v. Chr., als das Südreich Juda – nach dem Exil politisch unselbständig – seine Identität im Gottesdienst findet. Es geht um den Nachweis, dass die Gemeinde, die sich nun um den Tempel in Jerusalem sammelt, die einzig legitime Nachfolgerin des alten Israels ist. Aus diesem Grund ist die Geschichte des Nordreiches in diesem Geschichtswerk ausgespart.

DIE ZEIT DER KÖNIGE

Nachdem die Israeliten das Land Kanaan erobert hatten, regierten zunächst die sogenannten Richter (siehe dazu auch Seite 26): Sie führten in Kriegszeiten das Heer und sprachen in Friedenszeiten Recht.

Unter dem Eindruck der anhaltenden Bedrohung durch feindliche Stämme, vor allem aber durch die Philister, forderte das Volk dann jedoch einen König, der das Land dauerhaft sichern sollte. Das war nicht unumstritten, denn eigentlich galt Gott selbst als König, der Israel regiert und für seine Sicherheit sorgt. Dennoch wurde schließlich Saul zum ersten König von Israel gesalbt. Diese Salbung durch einen Propheten oder Priester war ein wichtiges Ritual im alten Israel. Der mit heiligem, parfümiertem Öl im Rahmen eines Weiheritus Gesalbte steht in besonderer Verbindung zu Gott.

Aber nach anfänglichen Erfolgen scheiterte Saul gegen die Philister und nahm sich nach verlorener Schlacht das Leben. Die biblischen Geschichtsschreiber sehen den tieferen Grund für sein Scheitern in seiner Halbherzigkeit bei der Befolgung von Gottes Weisungen.

Sein Nachfolger David stand in Gottes besonderer Gunst. Auch er wird nicht ohne Fehler dargestellt (was besonders in der Geschichte von David und Batseba deutlich wird), aber er kehrte immer wieder zu Gott zurück. Spätere Generationen verehrten ihn als den bedeutendsten König Israels und den von Gott erwählten Herrscher. Er war ein hervorragender Staatsmann, dem es gelang, die zwölf Stämme Israels zusammenzuschließen. Er errang viele militärische Erfolge und vergrößerte das Land. Unter ihm wurde Jerusalem zur Hauptstadt und bekam einen Königspalast. Außerdem plante David den Bau eines Tempels zur Ehre Gottes.

Aber erst unter seinem Sohn Salomo wurde der Tempel dann gebaut. Salomo ist für seine sprichwörtliche Weisheit bekannt. Dank internationaler Handelsbeziehungen erlebte das Land unter ihm eine wirtschaftliche Blüte und erlangte wachsenden Einfluss.

WARUM LESEN WIR DAS ALTE TESTAMENT NOCH?

Vielen Menschen ist heutzutage das Alte Testament – oder jedenfalls große Teile daraus – kaum noch bekannt. Oft existieren sogar regelrechte Vorurteile dagegen: Es sei voller grausamer Geschichten oder hätte für uns keine Bedeutung mehr, da es durch das Neue Testament überholt sei. Doch diese Vorurteile lösen sich schnell in Luft auf, denn es gibt gute Gründe, warum wir das Alte Testament immer noch oder gerade heute lesen sollten.

Zunächst ist ganz einfach festzuhalten, dass dieses Buch eine Fülle großartiger Texte enthält. Die Lebensweisheit der Urgeschichte, die Liebeslieder des Hohenlieds, das Ringen Ijobs um das Problem des unverdienten Leidens oder die Josefsgeschichte gehören zur Weltliteratur und haben bis in unsere Zeit hinein Schriftsteller und Künstler zu eigenen Werken inspiriert.

Ein weiterer Grund liegt darin, dass uns hier Menschen begegnen, die uns sehr ähnlich sind – mit ihren Stärken und Schwächen, Freuden und Leiden, Hoffnungen und Ängsten, Glauben und Zweifeln. Wir lesen, wie Gott durch solche ganz normalen und unvollkommenen Menschen in der Geschichte am Werk sein kann und wie das Menschenleben dadurch seine unendliche Würde und seinen unverlierbaren Sinn findet.

Aber gerade für uns Christen gibt es noch einen anderen Grund, der die Lektüre des Alten Testaments unverzichtbar macht. In dem Teil der Bibel, den wir das Alte Testament nennen und der die Heilige Schrift des Judentums ist, begegnen wir unseren Vätern und Müttern im Glauben; hier liegt die Wurzel unseres Christseins, ohne die es gar nicht zu verstehen ist:

» Jesus selbst war Jude. Als Kind lernte er die hebräische Bibel in der Tora-Schule. Seine Bibel war das »Alte Testament«. Er las darin, legte es aus und zitierte es auf Schritt und Tritt. (Lukas 4,16-19)

» Die Autoren des Neuen Testaments folgten ihm darin. Besonders die Evangelisten Matthäus und Lukas sehen in Jesus die Fortführung der Geschichte Israels. Viele Texte des Neuen Testaments sind ohne Kenntnis der alttestamentlichen Bezüge gar nicht zu verstehen. (Apostelgeschichte 8,26-40; Jesaja 52,13–53,12)

» Auch unsere Ethik ist tief im Alten Testament verankert. Selbst viele als typisch »christlich« erachtete Haltungen wie die Mitmenschlichkeit gegenüber dem Feind und der Kampf um das Recht der Schwachen sind bereits in den Texten Israels begründet. (Sprichwörter 25,21-22; 2 Könige 6,22; 2 Mose/Exodus 22,20-26; 23,6)

Deshalb war es nur folgerichtig, dass sich die frühe Kirche dafür entschieden hat, das gesamte Alte Testament als Teil ihrer eigenen heiligen Schriften zu übernehmen.

DIE PSALMEN

Das hebräische Wort für das Psalmenbuch bedeutet »Loblieder«, »Hymnensammlung«. Die griechische Bezeichnung »Psalter« meint ursprünglich das Saiteninstrument, mit dem die Psalmen begleitet wurden. Psalmen sind also Lieder, die mit Psalterbegleitung gesungen wurden. Daher sind sie in der für die hebräische Poesie charakteristischen Form des Parallelismus abgefasst, bei dem jeweils zwei Zeilen ein Verspaar bilden. Sie sind nicht wie in deutschen Gedichten durch einen Lautreim, jeweils am Zeilenende, sondern durch einen »Sinn-

reim« verbunden: Die zweite Zeile antwortet inhaltlich auf die erste, indem sie deren Aussage mit anderen Worten wiederholt oder einen Gegensatz dazu formuliert.

Es gibt unterschiedliche Arten von Psalmen, je nachdem, wer spricht (ein Einzelner oder das Volk) bzw. wer angesprochen wird (Gott oder ein Mensch), ob Klage oder Lob und Dank ausgedrückt werden und in welcher Situation der Psalm gesungen wurde. Loblieder preisen die großen Taten Gottes in Geschichte und Schöpfung, in den Dankliedern bekennt ein Beter vor der Gemeinde, was Gott an ihm getan hat. Viele Psalmen sind Klagelieder. In ihnen trägt das Volk oder ein Einzelner Gott seine Not vor, was manchmal auch in sehr drastischen Worten geschehen kann, und bittet um Hilfe.

Die meisten Psalmen sind aus dem Gottesdienst Israels erwachsen. Die Psalmen wurden lange mündlich überliefert. Als man sie aufschrieb, entstand ein »Gesang- und Gebetbuch«. Als Letztes in der literarischen Entwicklung der Psalmen wurden Überschriften und Hinweise für die Ausführung hinzugefügt. Bei der Zusammenstellung wurden die Psalmen – wohl nach dem Vorbild der fünf Mosebücher – in fünf Bücher eingeteilt.

Psalmen finden sich auch in den geschichtlichen und den prophetischen Büchern sowie in den Spätschriften des Alten Testaments und im Neuen Testament (z. B. 1 Samuel 2,1-10, Jeremia 20,7-13; Sirach 42,15–43,33; Lukas 1,46-55).

Zum Verständnis ist es hilfreich, wenn man der Stimmung nachspürt, die der Dichter in einem Psalm ausgedrückt hat, welche Gefühle er beschreibt, ob er sich glücklich oder elend fühlte. Psalmen eignen sich gut für ein persönliches Gebet, wenn die eigenen Worte nicht ausreichen oder ganz fehlen.

DAS HOHELIED

Neben dem Psalter gibt es noch eine weitere Liedsammlung im Alten Testament: das Hohelied. Darin sind Liebes- und Hochzeitslieder gesammelt, die in poetisch-schönen Bildern und mit großer Unbefangenheit die Empfindungen und die Sehnsucht zweier Liebender ausdrücken. Nach biblischem Verständnis ist die Liebe zwischen Mann und Frau zugleich auch ein Abbild der Liebe zwischen Gott und seinem Volk (Jeremia 2,2; Ezechiël 16; Hosea 1–3) und zwischen Christus und seiner Gemeinde (Epheser 5,25.31-32).

Das Relief aus dem 8. Jh. v. Chr. zeigt die Belagerung der jüdischen Stadt Lachisch durch Sanherib. Auf dem Ausschnitt sind Gefangene auf dem Weg ins Exil zu sehen.

DAS GETEILTE REICH

Nach dem Tod von König Salomo kam es zu Konflikten zwischen dem Norden und dem Süden des Landes. Unter Salomos Sohn Rehabeam spalteten sich die nördlichen Stämme ab und bildeten 927/6 v. Chr. einen eigenen Staat, das **Nordreich Israel.**

Erster König dieses Reiches wurde Jerobeam. Die weitere Geschichte war geprägt von blutigen Umstürzen und Machtwechseln. König Omri gründete Samaria als Haupstadt des Nordreiches. Er und sein Sohn Ahab versuchten, einen Ausgleich zu finden mit den in ihrem Reich lebenden Kanaanitern, die fremde Götter verehrten. Die wichtigsten Gottheiten der Kanaaniter waren der Himmels- und Wettergott Baal und die Fruchtbarkeitsgöttin Aschera oder Astarte. Unter Omri und Ahab wurde ihre Verehrung erlaubt und sogar ein Baalstempel in Samaria errichtet. Mitte des 8. Jahrhunderts v. Chr. wurde das Nordreich durch die Assyrer bedroht und schließlich erobert. 722 v. Chr. fiel die Hauptstadt Samaria. Die Oberschicht der Einwohnerschaft wurde nach Assyrien verschleppt, von wo sie nie mehr zurückkehrte. Das Nordreich hörte auf zu existieren.

Das **Südreich Juda** behielt Jerusalem als Hauptstadt und wurde von den Nachkommen Davids regiert. Einer davon, König Joschija (639–609 v. Chr.), trat in besonderer Weise dafür ein, dass in seinem Land Gott allein verehrt wurde. In seiner Regierungszeit wurde im Tempel ein altes Gesetzesbuch (es ist wohl mit 5 Mose/Deuteronomium identisch) gefunden, das die Verehrung Gottes nur an einem einzigen Ort, dem Tempel in Jerusalem, zulässt. Um diese Vorschrift umzusetzen, verbot Joschija Gottesdienste und Opferhandlungen an anderen Orten im Land. Damit wollte er zugleich die Verehrung anderer Götter unterbinden, zu der es auch in Juda trotz aller Mahnungen und Warnungen immer wieder kam. Es gelang Joschija zwar, Teile des ehemaligen Nordreiches zurückzuerobern, doch 598 v. Chr. geriet das Südreich unter die Herrschaft der Babylonier. Der Versuch, die Fremdherrschaft abzuschütteln, scheiterte und führte 587 v. Chr. mit der Eroberung Jerusalems und der Deportation seiner Oberschicht nach Babylon zum Untergang des Südreiches Juda.

DIE BÜCHER DER PROPHETEN

Den biblischen Propheten geht es – entgegen einem weit verbreiteten Missverständnis – nicht darum, die Zukunft vorherzusagen. Vielmehr sind sie berufen, ihren Zeitgenossen eine Botschaft von Gott auszurichten. Oft handelte es sich dabei um eine deutliche Kritik an den herrschenden Zuständen, wenn die Menschen sich nicht mehr nach Gottes Weisungen richteten. Da die Propheten Unglauben und soziale Missstände hart anklagten und sich auf die Seite der Benachteiligten und Unterdrückten stellten, gerieten sie häufig in Konfrontation zu König und Führungsschicht. Erst als Israel unter der Herrschaft fremder Völker selbst zu den »Schwachen« gehörte, wandelte sich der Ton der prophetischen Rede: Trost und Ermutigung bestimmten die Botschaft.

In der Bibel folgen den drei – nach dem Umfang ihrer Bücher sogenannten – Großen Propheten (Jesaja, Jeremia, Ezechiël) die zwölf Kleinen Prophetenbücher. Das Buch Daniel gehörte ursprünglich nicht zu den prophetischen Schriften, sondern wurde erst in der griechischen Übersetzung des Alten Testaments hier eingeordnet.

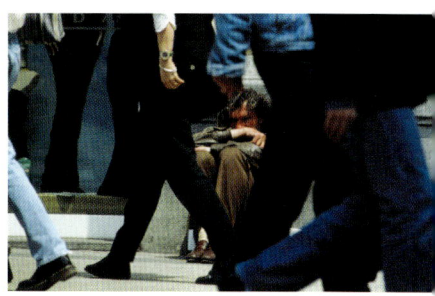

Zeit (v. Chr.)	Könige	Propheten	Botschaft (Schwerpunkte)
10. Jh.	Saul – David	Samuel	Salbung zum König – Verwerfung des Königs
9. Jh.	Ahab	Elija	Kampf gegen Baalskult
	Joram – Joahas	Elischa	Kampf gegen Baalskult, Bestrafung Ahabs
8. Jh.	Jerobeam II.	Amos	Kritik an sozialen Missständen
		Hosea	Kritik an Götzenkult und Unglaube, neuer Anfang
	Jotam – Ahas	Jesaja	Kritik an mangelndem Vertrauen in Gottes Führung
	Hiskija – Manasse	Micha	Kritik an der korrupten Führung Israels, Friedensreich
7. Jh.	Joschija	Jeremia	Untreue Israels (Götzen), Gericht und neuer Bund
		Zefanja	Gericht wegen Götzenkult, Neuanfang
	Jojakim	Habakuk	Anklage der Ungerechtigkeit und Unterdrückung
6. Jh.	Zidkija	Ezechiël	Gericht, weil Israel Gottes Weisung missachtet
	(Babylonier)	Obadja	Rettung Israels nach der Vernichtung
		2. Jesaja	Hoffnung für das zerschlagene Israel
	(Perser)	Haggai	Ermutigung zum Tempelbau
		Sacharja	Kommendes Heil für Israel und die Völker
5. Jh.	(Griechen)	Maleachi	Kritik an Priestern, Strafe und Rettung am Gerichtstag

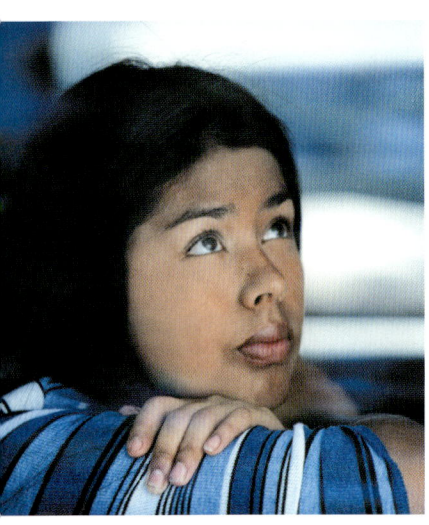

(WIE) DARF MAN SICH GOTT VORSTELLEN?
DIE ANTWORT DER BIBEL ...

Wenngleich das Judentum zutiefst vom Verbot geprägt ist, Gott bildlich darzustellen, ist doch die ganze Bibel voll von sprachlichen »Darstellungen« Gottes.

Gott handelt wie ein Mensch Insbesondere alte Texte stellen Gott mit sehr menschlichen Eigenschaften dar: Gott legt wie ein Gärtner das Paradies an und formt wie ein Töpfer aus Erde den Menschen und die Tiere (1 Mose/Genesis 2). Er wandert gegen Abend durch seinen Garten (1 Mose/Genesis 3,8) und macht wie ein Schneider den ersten Menschen Kleider (1 Mose/Genesis 3,21).

Gott besitzt Gefühle Die bekannte Sintflutgeschichte zeigt Gott zugleich sehr hart und sehr einfühlsam. Er ist wütend auf die Bosheit der Menschen, gibt seinem Zorn Raum, beginnt zu zerstören, was er geschaffen hat ... und hinterher tut es ihm Leid. Als Noach ihm ein Opfer darbringt und der Rauch in seine Nase steigt (Nase ist im Hebräischen dasselbe Wort wie Zorn!), verspricht Gott, nie wieder die Erde zu bestrafen, nur weil die Menschen so schlecht sind (1 Mose/Genesis 8,21). Mose lernt ihn als eifersüchtigen Gott kennen (2 Mose/Exodus 20,5). Die Psalmen beschreiben seine mütterliche Zuneigung zu seinem Volk.

Gott ist ein Kämpfer In Zeiten der Not und Schwäche nahm Israel Zuflucht bei Gott und erkannte in ihm einen starken Krieger, der in der Lage ist, sein Volk vor anderen zu beschützen. Sie nannten ihn »Herr der Heerscharen« (vgl. auch S. 41). Die Propheten warnten Israel allerdings gerade vor dieser Kraft: Gott wird seine Kampfstärke gegen sein eigenes Volk richten, wenn es von ihm wegläuft und seine Weisung missachtet (Jesaja 3).

Gott ist ein glühender Liebhaber Die Propheten schildern, wie Gott um sein Volk Israel ringt. Mit aller Mühe versucht er sein Herz zu gewinnen. Er erinnert an das, was er für Israel getan hat und tun wird. Er erneuert sein Treueversprechen immer wieder. Und als alles nichts hilft, jagt er sein Volk zuerst in die Wüste und umwirbt es dann wieder von neuem (Hosea 2).

Gott ist Vater und Mutter Die Gottesanrede Jesu »Abba« (Vater) ist bereits im Alten Testament vorgeformt. Das Neue Testament nennt diejenigen, »die sich von Gottes Geist führen lassen«, ausdrücklich seine »Söhne und Töchter« (Römer 8,14). Mehr noch als menschliche Eltern dies könnten, gibt er alles für seine Kinder. Das bedeutet allerdings nicht, dass das Neue Testament nur den »lieben Gott« kennt. Das Thema Gericht ist hier keineswegs außer Acht gelassen (Matthäus 8,12). Aber sowohl für den liebenden wie auch für den strafenden Gott gilt, dass ihn das Leben der Menschen nicht unbeteiligt lässt, sondern dass er es zum Teil seines Handelns an und mit der Welt macht, das auf ihre Vollendung und Erfüllung in seinem Reich ausgerichtet ist.

GOTT UND DIE GÖTTER

Viele Texte der Bibel zeugen davon, dass die Israeliten lange Zeit nicht nur andere Götter kannten, sondern sie auch verehrten.

Einige Beispiele:
» **1 Mose/Genesis 6** Göttersöhne und Menschentöchter
» **Psalm 82** JHWH im Kreis der Götter (zum Gottesnamen siehe S. 22)
» **2 Mose/Exodus 32,8** Das Goldene Kalb
» **2 Könige 23,5** Die Absetzung der Götzenpriester
» **1 Könige 16,33** Ahab lässt ein Bild der Aschera aufstellen

Bevor die Israeliten sesshaft wurden, baten sie verschiedene Gottheiten um Schutz in gefährlichen Situationen. Solche Götterfiguren – man hat etliche davon gefunden – konnten nur so groß sein, dass sie ins »Reisegepäck« der Nomaden passten. Die seltsame Geschichte vom Diebstahl der Taschengötter Labans in 1 Mose/Genesis 31,19-35 vermittelt einen Eindruck davon. Die Vielgötterei hörte auch mit dem Staat Israel noch nicht auf. Bis ins 6. Jahrhundert v. Chr. wetterten die Propheten gegen den Götzenkult, den die Israeliten von den umliegenden Völkern übernahmen.

Die Wende zum radikalen Eingottglauben kam für Israel mit dem Exil im 6. Jahrhundert. Galt es bis dahin noch, nur den einen Gott zu verehren (auch wenn andere existieren sollten), so war die Existenz anderer Götter von nun an kein Thema mehr. Kernsatz des jüdischen Glaubensbekenntnisses ist seitdem 5 Mose / Deuteronomium 6,4: »*Höre, Israel! Der HERR ist unser Gott, der HERR und sonst keiner.*«

Götter im Umfeld der Bibel (nur als Beispiele, die Zahl der verehrten Gottheiten war wohl etwa hundertmal größer)

Baal Kanaanäischer Hauptgott, Wettergott, Blitzeschleuderer (vgl. 1 Könige 18).

Aschera Fruchtbarkeitsgöttin, zusammen mit Baal verehrt, in Ugarit bekannt als Gemahlin des dortigen Gottes »El«.

Marduk Babylonischer Hauptgott; er kämpft alljährlich gegen den Chaosdrachen Thiamat und lässt so die Schöpfung neu erstehen (Jahreszeitenwende). Vgl. die Übertragung auf Gott in Psalm 74,13.

El Lokale Gottheiten der Kanaanäer wurden »El« genannt, vor allem aber der höchste Gott, der als »König« an der Spitze des Pantheons gesehen wurde. Die einwandernden Israeliten identifizierten JHWH mit dieser höchsten Gottheit. »Elohim« (Götter, Gottheit) wurde zum Allgemeinbegriff für den einen Gott, die anderen »Ele« als Nichtse (»Elilim«) erkannt.

Mondgott von Haran Von Assyrern verehrte Gottheit, zusammen mit dem dortigen »El« Erscheinungsform des »höchsten Gottes«.

Zahlreiche Mond-, Sonnen- und Tiergötter, die bis ins 7. Jahrhundert auf dem Gebiet Israels verehrt wurden (2 Könige 23,5).

Statue des Gottes Baal aus Ugarit

Am großen Versöhnungstag (Jom Kippur) wird das Schofar geblasen, ein Widderhorn. Es erinnert an den Widder, der mit Israels Schuld beladen in die Wüste geschickt wurde.

DER »TAG DES HERRN«

Der »Tag des Herrn« ist der Tag, den Gott selbst bestimmt hat, um in das irdische Geschehen einzugreifen und seinem Willen Geltung zu verschaffen. Die Menschen im alten Israel verbanden mit diesem Begriff zunächst die Erwartung eines Tages, an dem Gottes Volk erlebt, wie Gott ihm Recht verschafft und es aus der Bedrängnis durch Feinde errettet. Sie dachten dabei an Entscheidungsschlachten, wie sie in Josua 10,10-14 oder Richter 4,14-16 geschildert werden. Die Propheten warnten jedoch davor, diesen Tag herbeizuwünschen, weil das von Gott abgefallene Gottesvolk selbst das Gericht Gottes zu erwarten hat (Amos 5,18-20; Jesaja 2,12-21).

Die große Richtigstellung Ein Wortspiel in Jesaja 5,7 beleuchtet den Hintergrund dieser prophetischen Botschaft. Zwei im Hebräischen ganz ähnlich klingende Wortpaare zeigen, was nicht stimmt: Aus Recht *(mispat)* wurde Rechtsbruch *(mispah)*, aus Gerechtigkeit *(zedaqa)* wurde Wehgeschrei *(zeaqa)*. Menschen haben aus egoistischen Interessen die beiden Fundamente des Bundes mit Gott in ihr Gegenteil verkehrt. Um dies zu korrigieren (nicht aus Rachelust), wird Gott eingreifen und die zur Rechenschaft ziehen, die verantwortlich dafür sind.

Gericht für Unterdrücker und Scheinheilige Der »Tag des Herrn« hat nichts mit einer kleinlichen Aufrechnung von bösen oder guten Taten zu tun. Vielmehr geht es ganz grundsätzlich darum, dass Gott zuletzt seinen Willen durchsetzt, dem es um das Heil von Mensch und Schöpfung geht. Aufgrund seiner Erwählung kommt Israel dabei besondere Verantwortung zu. Diese ist keine garantierte Vorzugsstellung, sondern erfordert auch ein dieser Erwählung entsprechendes Handeln (Amos 3,2). Wer sich darüber hinwegsetzt, das Recht mit Füßen tritt und Unterdrückung und Gewalt regieren lässt (Amos 3,9-10), erlebt den Gerichtstag als »Tag des Zorns« (Ezechiël 7,19; Zefanja 1,18).

Hoffnung für Schwache und Rechtschaffene Die Kehrseite des Gerichtes sind in der Bibel Barmherzigkeit und Rechtfertigung. Die auf Gott vertrauen, werden bewahrt. Das hat nichts mit »Belohnung« zu tun. Keiner kann »sich den Himmel verdienen«. Aber die Zusage gilt: Wer Gottes Bund traut und seiner Weisung folgt, ist auf sicherem Weg (2 Samuel 22,31).

Der Tag des Herrn im Neuen Testament Das Neue Testament erwartet den »Tag des Herrn« als Tag des Herrn Jesus Christus, an dem er sich als Weltenrichter offenbaren wird. Diesen »Herrn« gilt es daher im Gebet um seinen Beistand anzurufen (Apostelgeschichte 2,21); vor ihm gilt es zu bestehen (Römer 2,16; 1 Thessalonicher 5,2-11). In einem davon abgeleiteten Sinn heißt dann auch jeder erste Wochentag unter den Christen »Tag des Herrn« (z. B. Offenbarung 1,10). Es ist der Tag, an dem die Gemeinde sich zum Gottesdienst versammelt, um der Auferstehung ihres Herrn zu gedenken und das Abendmahl zu feiern.

DAS ALTE TESTAMENT – EIN BUCH VOLLER GRAUSAMKEITEN?

Manche Geschichten des Alten Testaments erschrecken uns, weil das Handeln der Menschen darin grausam ist und – schlimmer noch – auch das Handeln Gottes grausam erscheint. Doch deshalb sollte man das Alte Testament nicht vorschnell beiseite legen. Denn gerade weil es realistisch ist, ist es so gewinnbringend zu lesen. Menschen können grausam sein. Und Gott wird geschildert als ein Gott mit Gefühlen, als einer, der seine Menschen liebt und deshalb über ihr Verhalten manchmal zornig wird. Er straft die Schuldigen, aber er schenkt ihnen auch das Leben immer wieder neu.

In der Geschichte von der Sintflut z.B. wird das Leben auf der Erde ausgelöscht, weil die Menschen »durch und durch böse« sind (1 Mose/Genesis 6,5). Aber es wird nicht gänzlich vernichtet, und am Ende verspricht Gott, dass er die Erde nie wieder so bestrafen wird. Das Leben auf der Erde soll für immer bestehen bleiben, obwohl die Menschen sich nicht geändert haben (1 Mose/Genesis 8,21-22). Gott erträgt und trägt die Menschheit in Zukunft so, wie sie ist.

Die Gebote, die Gott den Menschen gibt, sollen nicht zuletzt die Menschen vor ihrer eigenen Grausamkeit schützen. Das viel zitierte und missbrauchte »Auge um Auge, Zahn um Zahn« (2 Mose/Exodus 21,23-25) war zur Zeit des Alten Testaments eine sehr humane Regelung: Sie sollte die sich endlos steigernde Spirale der damals üblichen Blutrache begrenzen. Ähnlich hat auch manches andere, was uns heute im Alten Testament befremdet (z. B. Tieropfer), seine Ursache darin, dass die Texte aus einer anderen Zeit und Kultur stammen, in der diese Dinge als völlig normal galten.

Von seinem auserwählten Volk fordert Gott Gehorsam und bestraft es hart, wenn es nicht nach seinen Gesetzen lebte und andere Götter verehrte. Trotzdem hat er seine Fürsorge für Israel nie aufgegeben. Er verspricht, ihm immer beizustehen, sooft es auch den Bund mit ihm schon gebrochen hat.

Über einigen erschreckenden Geschichten, die Gott als harten Herrscher und strafenden Richter zeigen, wird oft vergessen, in welchem Maß gerade das Alte Testament Gott als Liebenden darstellt. Er ist der gute Hirte, bei dem die Menschen sich geborgen fühlen können (Psalm 23). Er liebt sein Volk so sehr, dass er diese Liebe nicht einmal aufgibt, als er wie ein betrogener Liebhaber dasteht, weil sein Volk immer wieder anderen Göttern nachläuft (Hosea). Nach jeder Strafe wird er es auch wieder trösten (Jesaja 40,1). Er kann es noch viel weniger verlassen als eine Mutter ihren Säugling (Jesaja 49,15-19).

Anstößig bleiben Erzählungen, in denen Israels Feinde grausam behandelt werden. Doch solche Texte sind oft in Zeiten äußerster Bedrückung entstanden, in denen Israel gar keine Möglichkeit hatte, grausam zu handeln. So sind sie eher Aufschreie der Entrechteten als Erzählung historischer Fakten.

Die Sintflut (Hans Baldung Grien, 1510)

IJOB – KRANKHEIT UND HEILUNG IN DER BIBEL

Wenn einen Menschen eine schwere Krankheit trifft, so stellt sich oft die Frage nach dem Warum. »Warum muss ich so leiden?« – »Warum lässt Gott das zu?«

Auch die Bibel kennt diese bohrenden Fragen, die leicht zweifeln lassen an Gottes Güte, zumal man in biblischen Zeiten den Krankheiten noch viel hilfloser gegenüberstand als heute. Man behandelte mit Kräutern, Pulver, Balsam und Salben, was bei äußerlichen Krankheiten einen gewissen Erfolg brachte. Inneren Erkrankungen und Seuchen dagegen war man beinahe machtlos ausgeliefert.

Als letzter Urheber von Krankheiten galt Gott, der Herr über Leben und Tod. Die Krankheit selbst konnte als Zeichen von Gottes Zorn und damit als Folge von Sünden gesehen werden – persönliche oder Sünden der Vorfahren. So verbreitete sich die Meinung, ein Kranker müsse ein Sünder sein.

Doch es gibt auch andere Stimmen. Sie kommen z. B. im Buch Ijob/Hiob zum Ausdruck.

Ijob, die Hauptperson dieses Buches, wird unschuldig von großem Leid und schwerer Krankheit heimgesucht. In einer Rahmenerzählung (Ijob 1,1–2,10 + 42,10-17) wird Ijobs Krankheit als Prüfung geschildert, die Ijob besteht, indem er Gott trotz allem treu bleibt. In den anderen Kapiteln, der sogenannten Ijobdichtung, dagegen reagiert Ijob mit Aufbegehren. Gegenüber seinen Freunden, die sein Leiden als Strafe für verborgene Sünden oder als Erziehungsmaßnahme deuten, beharrt er auf seiner Unschuld und wendet sich anklagend an Gott selbst, der ihm schließlich antwortet. Er weist Ijob auf die Wunder und Geheimnisse der Schöpfung hin, die von seiner überlegenen Weisheit zeugen und Menschen ermutigen können, Gott zu vertrauen, auch wenn er sie dunkle und unverständliche Wege führt. Gott und sein Handeln bleiben für Menschen unbegreiflich, weil menschliche Maßstäbe dafür nicht angemessen sind. Deshalb ist Ijob mit seinen Fragen und seinem Aufbegehren Gott näher als seine Freunde, die meinen, fertige Antworten zu haben. Ijob erkennt seine Begrenztheit als Geschöpf, erfährt aber auch, dass sich der Schöpfer ihm persönlich zuwendet und ihn mit all seinen Zweifeln und Klagen annimmt.

Nach dem Verständnis der Bibel kommt Heilung ausschließlich von Gott, selbst wenn er sich menschlicher Heilkunst bedient. Auch Jesus heilt in der Kraft Gottes und zeigt durch seine Taten, dass Gott das Leid des Menschen nicht will. Da der biblische Glaube die Wirklichkeit als Einheit sieht, ist Heilung zugleich Vergebung.

DIE SCHRIFTEN DER WEISHEIT

Ijob, Sprichwörter und Kohelet/Prediger zählen zu einer Art von Schriften, die im Alten Orient allgemein verbreitet war und den Namen »Weisheitsliteratur« trägt. »Weisheit« bedeutet hier das Verstehen der (verborgenen) Ordnung unserer Welt. Es wird durch die genaue Beobachtung des Lebens und durch die Suche nach Wahrheit gewonnen. Dabei gehören Alltagserfahrungen und das Wissen um Gott untrennbar zusammen. Solche »Weisheit« wurde anfangs in kurzen, einprägsamen Sprüchen von Lehrenden an Lernende weitergegeben – wie im Buch der Sprichwörter. Später wurde sie in kunstvolle dichterische Sprache gefasst, so z. B. im Buch Ijob. Als großer Weiser und Weisheitslehrer galt in Israel König Salomo. Deshalb wurde ihm ein großer Teil der biblischen Weisheitslehren zugeschrieben.

Das **Buch der Sprichwörter** beinhaltet eine Vielzahl von Lebens- und Alltagserfahrungen. Seine Themen sind aktuell und lebenspraktisch: Freundschaft, Arbeit, Familie, Verhalten in der Gemeinschaft. Entsprechend der Vielfalt des Lebens bilden die Sprüche kein in sich geschlossenes System, sondern sind offen für neue – manchmal auch widersprüchliche – Erfahrungen. Auf ähnliche Weise wurden im gesamten Alten Orient Beobachtungen aufgelistet – meist von königlichen Beamten. In Israel blieb dieses Wissen aber nicht nur den Ratgebern des Königs vorbehalten, sondern es ging darum, allen Menschen, besonders den jungen, den Rat und die Fähigkeit mitzugeben, einen Sachverhalt mit gesundem Menschenverstand zu prüfen und Einsicht zu gewinnen.

Im **Buch Kohelet** denkt ein »Prediger« – man könnte ihn auch Philosoph nennen – über den Sinn des Lebens nach, das manchmal so mühsam und bedeutungslos erscheint. Seine Beobachtungen, Gedanken und Zweifel kommen denen der Menschen unserer Zeit oft sehr nahe. Er kommt zu dem Schluss, dass nur Gott den Sinn aller Dinge kennt. Darum soll der Mensch sich nicht anmaßen, alle Rätsel zu lösen, sondern in Ehrfurcht Gottes Entscheidung anerkennen und voll Vertrauen und Freude genießen, was Gott ihm zugeteilt hat.

» Hier einige Weisheitssprüche, die immer noch genauso aktuell sind wie zur Zeit des Alten Testaments:
Sprichwörter 11,25; 12,18; 15,4; 29,7

Das Ischtartor in Babylon

sen, was die eigene Identität ausmachte, und dieses neue Verständnis war so zukunftsweisend, dass es bis heute das Judentum prägt und – in veränderter Gestalt – auch im Christentum weiter wirkt.

Verlorener Landbesitz → Die Verbannten sind in der Schrift »zu Hause«: Die Lesung der Heiligen Schrift gewinnt an Bedeutung.
Das Volk lebt unter Andersgläubigen → Kennzeichen der Juden: Sabbat, Beschneidung, Reinheitsgebote werden wichtiger.
Kein Tempelgottesdienst → Tägliches Bekenntnis: *»Höre Israel, unser Gott ist ein einziger.«*

In der Auseinandersetzung mit dem babylonischen Marduk-Kult reifte Israels Gottesbild. Früchte dieser Zeit sind großartige Texte wie der Schöpfungshymnus am Anfang der Bibel. Auch der Prophet Ezechiël predigte im Exil.

Gleichzeitig wurde das Judentum höchst sensibel gegenüber allen Angriffen auf die »neuen Fundamente«. Weil Jesus aus Nazaret genau hier ansetzte, stieß er auf erbitterten Widerstand:

DAS EXIL – DIE WIEGE DES JUDENTUMS

Israel erlebte seine Stunde »null« im Jahr 587 v. Chr. Die heilige Stadt Jerusalem mit der Wohnung Gottes wurde von den Babyloniern zerstört und das Volk in die Gefangenschaft geführt. Alle bisherigen äußeren Fundamente Israels gingen verloren. Aber genau aus diesem Tiefpunkt erwuchs ein neues Verständnis des-

» Jesus legte die Schrift neu aus (Markus 1,21-22).
» Jesus relativiert Sabbat und Reinheitsgebote.
» Jesus bezeichnet sich als Sohn Gottes.

Seit der Zerstörung des Tempels sind alle Synagogen nach Jerusalem ausgerichtet. Ein Kapitell aus der Synagoge von Kafarnaum (4. Jh. n. Chr.) zeigt diese Orientierung: Siebenarmiger Leuchter, Widderhorn und Weihrauchschaufel gehören zum Tempelgottesdienst.

Bindeglied zu Vergangenheit und Zukunft ist die Heilige Schrift: Ein Toraschrein repräsentiert die Bundeslade. Davor brennt das ewige Licht.

Zur Zeit Jesu gab es in jedem größeren Ort eine Synagoge. Sie diente nicht nur als religiöser Versammlungsraum, sondern auch als Markthalle. Darum wurden Gottesdienste grundsätzlich an den Markttagen und am Sabbat gefeiert.

Auch die Christen organisierten sich zunächst in Synagogenstruktur. In Jerusalem entstanden parallel zwei christliche Synagogen: eine judenchristliche unter Leitung des Jakobus und eine heidenchristliche unter Leitung des Stephanus (Apostelgeschichte 6,5).

Für den Apostel Paulus waren die Synagogen der wichtigste Ort zur Verbreitung des Evangeliums. Die christlichen Versammlungen wurden bereits im 1. Jahrhundert als *Ekklesia* (= Kirche) bezeichnet. In ihr bildeten sich bald Funktionen heraus, die es auch im Judentum gab, die aber neue Titel erhielten. Weil die Synagoge auch eine Versorgungsgemeinschaft war, spielte das Geld eine wichtige Rolle. Der dafür Verantwortliche trug den Titel *Episkopos* (= Bischof).

DIE SYNAGOGE

Bereits vor dem Exil gab es Versammlungen von Juden zum Gottesdienst ohne Opfer und es gab Räume zur Unterweisung in der Tora. Im Exil wurde beides in der Synagoge vereinigt. Hebräisch heißt sie *bet-ha-knesset* (Haus der Versammlung). Seit der Zerstörung des Tempels sind alle Synagogen nach Jerusalem ausgerichtet, zu dem Ort, an dem das Judentum sich den Neubau des Tempels am Jüngsten Tag erhofft (1 Könige 8,48-49). In jedem Synagogengottesdienst wird für den Wiederaufbau des Tempels gebetet. Darum nennen manche Juden die Synagoge auch »kleinen Tempel«.

Das Theater in Jerasch

DIE ZEIT ZWISCHEN DEN TESTAMENTEN

Mehr als 400 Jahre liegen zwischen den letzten Ereignissen, die im Alten Testament beschrieben sind, und denen des Neuen Testaments. Über das Jahrhundert nach dem Auftreten von Esra und Nehemia wissen wir fast nichts.

332 v. Chr. eroberte der griechische Herrscher Alexander der Große Syrien und Palästina und beendete damit die persische Oberhoheit über Juda. Im Orient und in der ganzen antiken Mittelmeerwelt begann das Hellenistische Zeitalter, d. h. die Vorherrschaft der griechischen Sprache und Kultur. Auch das palästinische Judentum kam unter den Einfluss der hellenistischen Weltkultur und musste sich damit auseinander setzen.

Nach dem Tod Alexanders teilten seine Nachfolger sein Reich. Juda fiel zunächst an die in Ägypten regierenden Ptolemäer, die ihnen Religionsfreiheit gewährten, dann an die in Syrien herrschenden Seleuziden. Während die Juden zuvor ihre Religion frei ausüben konnten, wollte der Seleuzidenkönig Antiochus IV. Epiphanes die hellenistische Lebensweise durchsetzen und verbot deshalb die Beschneidung und die Sabbatruhe – die beide als Zeichen des Judentums seit dem Exil besonders wichtig geworden waren – sowie den Opfer-

kult. Schlimmer noch, er ließ den Tempel plündern und einen Zeus-Altar darin errichten (168 v. Chr.). Daraufhin kam es zu einem Aufstand, der nach dem Namen seines wichtigsten Anführers, Judas Makkaba (d. h. der Hammer), »Makkabäer-Aufstand« genannt wird. Er endete siegreich mit dem Abzug der syrischen Besatzer im Jahr 142 v. Chr.

Die jüdische Eigenstaatlichkeit währte jedoch nur kurz. 63 v. Chr. eroberten die Römer das Land und Juda wurde römische Provinz. 37 v. Chr. wurde Herodes, ein Mann kühlen Machtstrebens, vom römischen Kaiser zum König von Judäa eingesetzt. Als »König von Roms Gnaden« galt er als romtreu und wurde von den Juden gefürchtet und gehasst. Dennoch wollte er auch »König der Juden« sein. Wohl deshalb baute er ab 20 v. Chr. den Tempel neu. Im Neuen Testament erscheint Herodes, seinem Ruf als kalter Machtmensch entsprechend, in der Geschichte vom Kindermord zu Betlehem (Matthäus 2,16).

Die Säulenstraße und das Nymphäum in Jerasch zeigen den hellenistischen Einfluss.

WARTEN AUF DEN RETTER

In der Zeit von Unterdrückung und Fremdherrschaft entstand im Judentum die Sehnsucht nach einem neuen König, der das Volk befreit und dauerhaften Frieden schafft. Es ist die Botschaft der Propheten, dass Gott seinem Volk einen solchen gerechten Friedenskönig senden werde (Sacharja 9,9-10; Jesaja 9,1-6).

In dem Bild von diesem Retter fließen Vorstellungen aus unterschiedlichen Wurzeln zusammen. Eine davon ist die Institution des Königtums. Von der Salbung, die als Zeichen der Übertragung einer von Gott verliehenen Macht an den neuen König Bestandteil seiner Amtseinsetzung war (Psalm 2), leitet sich der Name »Messias« (hebräisch *Maschiach* = der Gesalbte) her. Als der vorbildliche König Israels galt David, dem der Prophet Natan verheißen hatte, dass seine Nachkommen »für alle Zeiten« auf dem Thron Israels sitzen sollten (2 Samuel 7,13). Nach dem Exil verband sich diese Verheißung mit der Hoffnung, dass Gott eines Tages den eigentlichen »Sohn Davids« senden werde, in dem alle diese Zusagen ihre Erfüllung finden.

Da die Salbung nicht nur zur Amtseinsetzung des Königs, sondern ebenso zu der von Priestern und Propheten gehörte, konnte die Erwartung eines »Gesalbten«, der Frieden und Gerechtigkeit bringt, auch auf einen Obersten Priester übertragen werden (Sacharja 6,9-15). Oder ein Priester und ein König werden gemeinsam als Gesalbte Gottes zum Wohl des Landes herrschen (Sacharja 4,11-14).

Bei den Propheten finden sich großartige Visionen vom Messias und seinem Reich, in dem Gerechtigkeit und Friede herrschen. Sie beziehen sich einerseits ganz irdisch auf das Volk Israel und eine politische Friedensordnung für die Welt, andererseits weisen sie zugleich auf eine Erneuerung der Schöpfung hin, die alles irdisch Vorstellbare weit übersteigt. So heißt es z. B. in Jesaja 11,6: »Dann wird der Wolf beim Lamm zu Gast sein, der Panther neben dem Ziegenböckchen liegen.« Oder – alle Einzelvorstellungen und Visionen zusammenfassend – in Jesaja 65,17: »Der HERR sagt: Alles mache ich jetzt neu: Einen neuen Himmel schaffe ich und eine neue Erde.« Gerade für geknechtete und bedrückte Menschen konnten und können solche Bilder und Visionen großen Trost bedeuten.

Im Neuen Testament wird Jesus mit dem Titel des »Gesalbten« bezeichnet, wobei hier das griechische Wort »Christus« an die Stelle des hebräischen »Messias« tritt. Dabei knüpft das Neue Testament an die Bedeutung an, die der Begriff vor allem bei den Propheten erhalten hatte, gibt ihm zugleich aber auch eine neue inhaltliche Füllung: Gerade als der Gekreuzigte ist Jesus der Messias/Christus (1 Korinther 1,17-25; Galater 6,12-16). Durch seinen Tod am Kreuz hat er sein eigentliches messianisches Werk vollbracht und die Schuld der Menschen gesühnt. In diesem neuen Sinn wird der Titel »Christus« dann schon sehr bald wie ein Beiname für Jesus gebraucht.

»Seht, euer König kommt zu euch! Er bringt Gerechtigkeit, Gott steht ihm zur Seite. Demütig ist er vor seinem Gott. Er reitet auf einem Esel ...« (Sacharja 9,9)

DIE SPÄTSCHRIFTEN DES ALTEN TESTAMENTS

Viele Bibelausgaben enthalten im Alten Testament oder vor dem Neuen Testament eine Reihe von Schriften aus den drei Jahrhunderten vor Christi Geburt. Als im 1. Jahrhundert n. Chr. von jüdischen Gesetzeslehrern festgelegt wurde, welche Bücher zu den *hebräischen heiligen Schriften* gehören sollten, wurden diese Bücher nicht aufgenommen. Sie sind deshalb nur in der griechischen Übersetzung des Alten Testaments überliefert, die um 200 v. Chr. entstanden ist. Sie wird nach ihrem vollständigen Titel »Übersetzung nach den siebzig (Ältesten)« kurz *Septuaginta* (lateinisch: siebzig) genannt. Der Name spielt auf die Entstehungslegende an, wonach 72 jüdische Älteste eine Übersetzung der fünf Mosebücher für die berühmte Bibliothek von Alexandria angefertigt haben. Diese war nicht nur die heilige Schrift der griechisch sprechenden Juden, sondern auch der ersten Christen.

In katholischen Bibelausgaben bilden diese Bücher einen vollwertigen Bestandteil der Bibel und sind in das Alte Testament eingeordnet. In der katholischen Kirche nennt man sie *Deuterokanonische Schriften,* weil sie zu einem »zweiten Kanon« gehören (deuteros = der Zweite). Martin Luther hat sie unter dem Titel *Apokryphen* (»verborgene Schriften«) zwischen Altes und Neues Testament gestellt. Er hielt sie zwar nicht für so zentral wie die anderen biblischen Bücher, aber doch für »nützlich und gut zu lesen«, sodass Christen sie in ihrer Bibelausgabe finden sollten. In der Gute Nachricht Bibel stehen sie als *Spätschriften des Alten Testaments* vor dem Neuen Testament.

Die Spätschriften sind wichtige Zeugnisse aus den Jahrhunderten vor Christus. Durch sie können wir die Situation des Judentums zur Zeit des Auftretens Jesu besser verstehen. Unter ihnen gibt es Bücher wie Tobit, Judit oder die Makkabäer-Bücher, die von ihrem Inhalt her zu den geschichtlichen Büchern gehören. **Tobit** erzählt eine dramatische Familiengeschichte aus der Zeit nach dem Ende des Nordreichs Israel. **Judit** berichtet, wie eine mutige jüdische Witwe, die allein auf Gott vertraut, ihr Volk vor drohender Vernichtung bewahrt. Die **Makkabäer-Bücher** schildern die Ereignisse der Makkabäer-Aufstände (siehe Seite 46).

Das **Buch der Weisheit** und **Jesus Sirach** gehören zur Weisheitsliteratur (siehe Seite 43). Zu den Spätschriften zählen außerdem die in Griechisch abgefassten **Zusätze zum Buch Ester und zum Buch Daniel** (darunter die bekannte und in der Kunst häufig dargestellte Geschichte von Susanna im Bade). Das Buch **Baruch** und der **Brief Jeremias** stehen in der Tradition der Propheten. Das **Gebet Manasses** ist ein Psalm, der zu 2 Chronik 33,12 gehört.

Ein Motiv aus den Zusätzen zu Daniel: Der Gesang der drei Männer im Feuerofen (Meister MS,1534)

DAS NEUE TESTAMENT

In den 27 Schriften des Neuen Testaments wird entfaltet, was Jesus Christus für den einzelnen Menschen und für das Heil der ganzen Welt bedeutet. Nach dem Tod und der Auferstehung Jesu begannen Christen, seine Worte und Taten zu erzählen. Weil sie glaubten, dass das Ende der Welt kurz bevorstünde, hielten sie es während der ersten zwei Jahrzehnte aber nicht für nötig, dies auch schriftlich festzuhalten. Als ihre Heiligen Schriften verwendeten die ersten Christen zunächst ganz selbstverständlich die des Judentums. Hier fanden sie auch Hilfe zum Verständnis von Jesu Botschaft und Geschick. Das Judentum konnte ihre Deutung des Alten Testaments von Christus her jedoch nicht nachvollziehen, und dies ist einer der Gründe, warum sich das Christentum zuletzt als eine eigenständige Größe neben dem Judentum etablierte. Die ältesten schriftlichen Teile des Neuen Testaments sind die Briefe des Apostels Paulus. Dann entstanden die erzählenden Schriften, die allerdings auf älteren – teils nur mündlich weitergegebenen, teils bereits schriftlich fixierten – Überlieferungen aufbauen. Im Mittelpunkt der neutestamentlichen Schriften steht jedoch immer die Botschaft von Kreuz und Auferstehung Jesu (vgl. 1 Korinther 15.3).

DIE EVANGELIEN UND DIE APOSTEL-GESCHICHTE

Das Neue Testament beginnt mit den vier Evangelien. Das Wort »Evangelium« kommt aus dem Griechischen und bedeutet »Gute Botschaft«, »Gute Nachricht«. Gemeint ist die Gute Nachricht von Jesus Christus: von seinem Kommen in diese Welt, von seiner Lehre und seinen Taten, seinem Sterben und Auferstehen und von dem Auftrag, den er seinen Anhängern für die kommenden Zeiten gegeben hat. Die ersten Christen benutzten das Wort Evangelium, wenn sie diese Botschaft von Gottes Heilshandeln in Jesus Christus in kurzer Form zusammenfassen wollten. Wahrscheinlich war es Markus, der in Anlehnung daran als Erster seinen umfangreichen Bericht von Jesu Leben als »Evangelium« bezeichnete. Später wurden auch die entsprechenden Darstellungen der anderen Verfasser (Matthäus, Lukas und Johannes) so genannt. Markus hat mit seinem Evangelium somit eine ganz neue Literaturgestaltung geschaffen.

Seine besondere Leistung bestand darin, die einzeln oder in kleinen Sammlungen umlaufenden Erzählungen über Jesus mit der Passionsgeschichte zu einem Gesamtbericht zusammenzufassen.

Lukas fügt seinem Evangelium ein weiteres Werk hinzu: die Apostelgeschichte. In ihr zeichnet er den Weg nach, den die Verkündigung des Evangeliums schon zu seiner Zeit genommen hat: von Jerusalem, dem Zentrum Israels, der Stadt des Messias und der ersten christlichen Gemeinde, bis nach Rom, ins Zentrum der heidnischen Welt. Für Lukas wie für die urchristlichen Gemeinden ist es der Heilige Geist selbst, der diesen Prozess in Gang bringt. Er durchbricht dabei auch die Schranken zwischen denen, die aus dem Judentum zur christlichen Gemeinde gekommen sind und sich noch den Ordnungen des Mose-Gesetzes verpflichtet fühlen, und den Menschen aus den heidnischen (d.h. nichtjüdischen) Völkern. Der entscheidende Schritt auf diesem Weg ist der Beschluss der zwölf Apostel, für Paulus den Weg zur Mission auch unter den nichtjüdischen Völkern freizugeben.

Streng genommen ist die Apostelgeschichte eine urchristliche Kirchengeschichte, die als Missionsgeschichte dargestellt wird. Die Urgemeinde in Jerusalem gilt dabei als Vorbild christlichen Gemeindelebens. Es wird erzählt, wie die Christen erste Konflikte lösen und Dienste und Ämter einrichten, die in späterer Zeit zunehmende Bedeutung erlangen sollten.

VIER EVANGELIEN – EINE BOTSCHAFT

Vergleicht man die vier Evangelien, so zeigt sich, dass die ersten drei an vielen Stellen im Wortlaut und in der Reihenfolge des Erzählten auf weiten Strecken übereinstimmen, während das Johannesevangelium eigene Wege geht. Wegen dieser Übereinstimmung kann man die Evangelien nach Matthäus, Markus und Lukas in einer Zusammenschau nebeneinander betrachten. Sie werden deshalb auch die »synoptischen« Evangelien genannt (Synopse = Zusammenschau). Allerdings weisen sie bei genauer Betrachtung auch eine Reihe von Unterschieden auf, wobei Matthäus und Lukas wiederum Gemeinsamkeiten haben, die sich bei Markus nicht finden.

Zur Erklärung dieser Gemeinsamkeiten und Unterschiede nehmen viele Forscher heute folgende Entstehungsgeschichte an: Das Markusevangelium ist zuerst entstanden und bildete die Grundlage für die Darstellungen von Matthäus und Lukas. Die Teile, die Matthäus und Lukas über Markus hinaus gemeinsam haben – das sind vor allem Redeabschnitte, z. B. die Bergpredigt (Matthäus 5–7) und die Feldrede (Lukas 6,20-49) –, werden auf eine zweite, nicht erhaltene Quelle zurückgeführt, die beiden vorlag. Man nimmt an, dass sie vor allem Worte Jesu enthalten hat, und nennt sie daher »Spruch-« oder (mit dem griechischen Begriff) »Logienquelle«. Darüber hinaus hatten sowohl Matthäus als auch Lukas Zugang zu weiteren Überlieferungen von Lehre und Taten Jesu, die man als ihr »Sondergut« bezeichnet.

Das Johannesevangelium unterscheidet sich deutlich von den drei anderen Evangelien, scheint diese aber gekannt zu haben. Deswegen wird angenommen, dass es am spätesten entstanden ist.

Jedes der Evangelien stellt das Leben und Wirken Jesu aus einem anderen Blickwinkel dar: Für Markus steht das Leiden und Sterben Jesu im Zentrum. Sein Ziel ist es, deutlich zu machen: Durch Jesus von Nazaret spricht und handelt Gott selbst. Matthäus weist immer wieder darauf hin, dass sich in Jesus die Verheißungen der Propheten des Alten Testaments erfüllt haben. Lukas orientiert sich am Vorbild der Geschichtsschreibung seiner Zeit und versucht, die Ereignisse möglichst lückenlos und

Die Symbole der vier Evangelisten: Mensch oder Engel (Matthäus), Löwe (Markus), Stier (Lukas) und Adler (Johannes)

geordnet zu berichten. Er zeichnet Jesus als liebevollen Arzt und Hirten, der kam, alles Kranke und Verlorene zu suchen. Für Johannes ist Jesus das menschgewordene Wort, das die Sehnsucht der gesamten Menschheit stillt. Gemeinsam ist allen vier Evangelien, dass sie ihren Leserinnen und Lesern den Glauben an Jesus Christus wecken wollen. So gesehen handelt es sich bei allen Unterschieden im Einzelnen immer um die eine Gute Nachricht, die in vierfacher Weise erzählt wird.

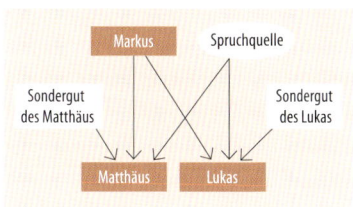

JOHANNES DER TÄUFER

Übereinstimmend berichten alle vier Evangelien, dass dem öffentlichen Wirken Jesu der Auftritt von Johannes dem Täufer vorausging, der das Volk auf das Kommen Jesu und seine Botschaft vorbereitete. Johannes ist ein Mann der Wüste. In seiner asketischen Frömmigkeit steht er vielleicht den Mitgliedern der frommen Gemeinschaft von Qumran nahe. Seine Verkündigung ist stark durch den Propheten Jesaja geprägt. Nach einer langen prophetenlosen Zeit in Israel scheint in ihm noch einmal all das vereinigt, was die großen Propheten der alten Zeit ausmachte. Wie sie fordert er angesichts von Gottes Richterhandeln die Menschen zu einer kompromisslosen Umkehr auf, die auch sichtbare Früchte bringt, eine Änderung und Neuausrichtung des ganzen Lebens auf Gott hin. Zum Zeichen für diesen Neuanfang tauft er sie im Jordan. Durch das Untertauchen im Wasser unterwerfen sich die Getauften schon vorweg zeichenhaft dem Gericht, damit ihnen, wenn es dann kommt, Vergebung der Sünden und Rettung zuteil werden. Ganz in der Tradition der alten Propheten scheut Johannes sich auch nicht, das Fehlverhalten seines Landesfürsten Herodes Antipas anzuprangern, was

ihm Haft und schließlich die Hinrichtung einträgt (Markus 6,17-29). Viele von denen, die sich von ihm haben taufen lassen, hielten ihn wohl für den Messias, der das unmittelbar bevorstehende Eingreifen Gottes ansagt.

Historisch gesehen, hat es wohl eine Konkurrenz zwischen Johannesjüngern und Jesusjüngern gegeben. Das Neue Testament versteht Johannes als Vorläufer Jesu. Jesus lässt sich von ihm taufen, der Täufer weist seine Jünger auf Jesus hin und ordnet sich ihm ganz unter. Er bereitet den Weg und weiß sich damit an der Schwelle einer neuen Zeit. Gefragt, wer er sei, sagt er: »Ich bin die Stimme, die in der Wüste ruft: ›Macht den Weg bereit, auf dem der Herr kommt!‹« (Johannes 1,23)

Die Wüste – Ort der Gottesnähe und der Erprobung Wenn in der Bibel von der Wüste die Rede ist, so ist damit an vielen Stellen mehr gemeint als eine topographische Gegebenheit. Die Wüste ist in der jüdischen Tradition ein Ort von tiefer symbolischer Bedeutung. Sie stellt einen Ort der Zurückgezogenheit und der Einsamkeit dar. Wo es keine Ablenkungen gibt, kann der Mensch sich wieder auf das Wesentliche konzentrieren. Die Wüste steht somit für eine besondere Nähe zu Gott. Jesus zieht sich z. B. immer wieder an einsame Orte zurück, um zu beten. Aus der Wüste kommend, ruft Johannes die Ankunft des Messias aus. Hier erfährt das Volk Israel in der Zeit der Wüstenwanderung immer wieder die Gegenwart seines Gottes.

Zum anderen bedeutet der Aufenthalt in der Wüste aber auch Bedrohung und Unsicherheit. Die Israeliten müssen diese schmerzhafte Erfahrung in ihrer Wüstenzeit viele Male machen. Dadurch wird ihnen vor Augen geführt, wie sehr sie auf Gott angewiesen sind. Die Wüste wird zum Raum für Erprobung und Bewährung. So wird auch Jesus in der Wüste vom Satan in Versuchung geführt und demonstriert, dass er sich auf Gott allein verlässt (Matthäus 4,1-8).

ADVENT

Advent – die Zeit der Vorfreude. Mit Kerzen-licht und Tannenzweigen, Nüssen und fest-lichem Gebäck stimmen wir uns ein auf das kommende Weihnachtsfest. Das Wort Advent kommt vom lateinischen »adventus« und be-deutet »Ankunft«. Die christliche Gemeinde be-reitet sich in dieser Zeit auf das Kommen ihres Herrn Jesus Christus vor, in dem Gott Mensch geworden ist.

Ursprünglich war der Advent eine Buß- und Fastenzeit ähnlich den 40 Tagen vor Ostern. So wie Johannes der Täufer die Menschen zur Umkehr aufgefordert hat, um sie auf das Kom-men des Messias vorzubereiten, so sollen auch die Christen sich für Weihnachten bereitma-chen. Heute geschieht dies statt durch Fasten eher durch ein bewusstes Innehalten und Still-werden.

Sichtbares Zeichen der Erwartung ist der Adventskranz, der seit dem Ersten Weltkrieg in Deutschland immer beliebter wurde. An je-dem Adventssonntag wird eine Kerze mehr angezündet als Zeichen des nahen Kommens Jesu. Die Kerze war schon seit den Anfängen der Christenheit ein Symbol des auferstande-nen Herrn, von dem die Bibel sagt, er sei das Licht der Welt (Johannes 8,12). Wie eine Kerze sich selbst verzehrt, wenn sie leuchtet, so hat sich Christus für uns hingegeben, damit wir das Licht des Lebens haben. Die Kranzform soll zei-gen, dass in Christus der wahre Herrscher der Welt erschienen ist, denn der Kranz ist von al-ters her ein Symbol für Huldigung und Krönung. Die immergrünen Tannenzweige erinnern auch an den Einzug Jesu in Jerusalem (Matthäus 21,1-11) und verbinden so die Adventszeit mit der Passion. Weihnachten und Ostern gehören untrennbar zusammen.

DIE GEBURT JESU

Zwei der vier Evangelien berichten etwas über die Geburt Jesu: Matthäus und Lukas (jeweils in Kap. 1–2). Lukas hat in den ersten beiden Kapiteln seines Evangeliums die Geschichte von der Ankündigung der Geburt Jesu bis zum zwölfjährigen Jesus im Tempel kunstvoll mit der Vorgeschichte der Geburt Johannes des Täufers verwoben. Damit zeigt er, wie das Leben des letzten der Propheten in der Tradition des Alten Testaments – Johannes – von Gott auf das Kommen des Erlösers hingeordnet ist, mit dem dann eine neue Zeit des Heils beginnt. Die Erkennungszeichen dieses Heilbringers sind Windeln und Krippe, d. h. Armut und kindliche Hilflosigkeit – eine herbe Korrektur aller damaligen (wie heutigen) Heils- und Heilandserwartungen. Ihr entspricht es dann auch, wenn der Engel die Botschaft von der Geburt zuallererst den Hirten bringt, die zur Zeit Jesu von den religiös maßgeblichen Kreisen ähnlich verachtet waren wie die Zöllner.

Ganz im Gegensatz dazu sind es bei Matthäus sozial durchaus hoch gestellte Persönlichkeiten, die den neugeborenen Jesus als Erste sehen und als ihren König begrüßen. Aber auch sie stehen für die Sehnsucht nach Heil und Erlösung. Die Sterndeuter aus dem Morgenland vertreten die Völker der Erde, und an ihnen zeigt sich beispielhaft, dass Jesus auch der Retter für die ist, die nicht zum Volk Israel gehören, für Ausländer und Nichtjuden.

Gemeinsam ist den beiden Darstellungen, dass sie durch verschiedene Einzelheiten deutlich machen, dass dieses Kind wirklich der verheißene Messias ist: Jesus wird in Betlehem geboren, der Heimatstadt Davids, aus dessen Nachkommenschaft der Messias stammen soll (1 Samuel 16,1; Micha 5,1). Der Stammbaum in Matthäus 1 führt von Abraham über David bis zu Jesus. Der Evangelist betont immer wieder: »Dies alles geschah, damit in Erfüllung ging, was der Herr durch die Propheten angekündigt hatte.« (Matthäus 1,22; 2,15)

Lukas stellt die Geburt Jesu zusätzlich in einen weltgeschichtlichen Zusammenhang: Er nennt ausdrücklich den römischen Kaiser Augustus, der die Volkszählung veranlasst hat. Aber auch hier vermittelt Lukas eine theologische Botschaft: den grundlegenden Unterschied zwischen dem mit römischer Macht und Autorität durchgesetzten Frieden im Reich (der Pax Romana) und dem durch das Kommen des Gottessohnes Jesus erschlossenen Frieden Gottes.

Ein genaues Datum für die Geburt Jesu lässt sich aus den Evangelienberichten nicht ermitteln. Wenn es stimmt, dass Jesus während der Herrschaft Herodes des Großen (zu Herodes siehe Seite 46) geboren wurde (Lukas 1,5; Matthäus 2,1.22), dann ist er spätestens 4 v. Chr. geboren, denn in diesem Jahr starb Herodes.

DAS WEIHNACHTSFEST

Kein anderes Fest ist so bekannt und beliebt wie das Weihnachtsfest. Weihnachtsmänner und geschmückte Tannenbäume findet man am 25. Dezember rund um den Erdball. Die Weihnachtszeit hat für die meisten Menschen einen ganz besonderen Reiz. Mit ihren Sternen, Lichtern und Krippenspielen wird sie besonders für die Jüngsten zu einem großen Erlebnis. Der Heilige Abend ist bei uns zum Hauptfest für die Familie geworden. Weihnachten ist allerdings nicht das älteste und wichtigste Fest der Christenheit. Dieser Rang bleibt Ostern vorbehalten: Nicht die Geburt, sondern die Auferstehung Jesu war für die ersten Christen das bedeutsamste Ereignis im Jahreslauf.

Den genauen Geburtstag Jesu kennen wir nicht, die Evangelien geben darüber keine Auskunft. Seit Anfang des 4. Jahrhunderts wurde das Erscheinen des Herrn auf Erden am Epiphaniastag gefeiert, dem 6. Januar. Später im 4. Jahrhundert wurde der 25. Dezember als Termin für das Fest der Geburt Jesu festgelegt und setzte sich in den folgenden Jahrhunderten nach und nach durch. Die Kirche legte das Fest damit auf den Tag, an dem im Mittelmeerraum die Geburt des Sonnengottes Mithras begangen wurde, und machte so deutlich: Christus ist das wahre »Licht der Welt«.

Unzählige Lieder und vielfältige volkstümliche Bräuche ranken sich um Weihnachten. Im Jahr 1223 gestaltete Franz von Assisi die erste Weihnachtskrippe mit einem lebendigen Ochsen und einem Esel.

Verhältnismäßig jung ist der Brauch des geschmückten Tannenbaums. Er kam um 1500 im Elsass und im Schwarzwald auf und setzte sich erst im 19. Jahrhundert in Deutschland allgemein durch. In allen Kulturen ist der immergrüne Baum die Heimat der Götter. Auch in der Bibel spielen Bäume eine besondere Rolle, z. B. der Baum der Erkenntnis und der Baum des Lebens im Paradies (1 Mose/Genesis 2,9-17). Die Vertreibung aus dem Paradies beendet das Leben in der unmittelbaren Nähe Gottes (1 Mose/Genesis 3,1-24). Am Kreuz wird den Menschen das Leben neu geschenkt. Darum wird das Kreuz in der christlichen Kunst häufig als grünender Lebensbaum dargestellt, und denselben Gedanken drückt auch der geschmückte Weihnachtsbaum aus. Das bekannte Weihnachtslied fasst die Botschaft in Worte:

»Heut schließt er wieder auf die Tür zum schönen Paradies; / der Cherub steht nicht mehr dafür. / Gott sei Lob, Ehr und Preis.«

WER WAR
JESUS VON NAZARET?

Ein jüdischer Handwerker Um das Jahr 4 vor der christlichen Zeitrechnung im Dorf Betlehem geboren, wuchs Jesus im galiläischen Dorf Nazaret auf. Er hatte jüdische Eltern, den Handwerker Josef und seine Frau Maria. Jesus war wahrscheinlich zuerst Schüler Johannes des Täufers, der in der Wüste Juda, am Nordufer des Toten Meeres predigte. Mit etwa 30 Jahren begann er seine ca. zweijährige öffentliche Wirksamkeit. Ein Zentrum seines Wirkens war das Haus des Petrus und seiner Familie in Kafarnaum. Markus erzählt ferner, dass seine eigene Familie der Verkündigungstätigkeit kritisch gegenüberstand (Markus 3,21; 6,4). Aufgrund der (nicht haltbaren) Anklage, politischer Anführer einer aufrührerischen Gruppe zu sein, wurde Jesus von den Römern am Kreuz hingerichtet.

Ein Mensch, in dem Gott den Menschen nahe kommt Die Evangelien erzählen, dass eine Begegnung mit Jesus an niemandem spurlos vorüberging: Er verstand es, Menschen Hoffnung zu geben, Selbstverständliches zu hinterfragen, Verletzungen zu heilen und das Wirken Gottes mitten im Alltag spürbar werden zu lassen.

Der Christus Die Antwort des Neuen Testaments auf die Frage, wer Jesus war, kommt von der Ostererfahrung her und lässt sich in dem Satz zusammenfassen: Er war der Christus, der Gesalbte Gottes (siehe dazu auch Seite 47). Ein Bekenntnis aus den Anfängen des christlichen Glaubens fasst dies in die Worte: »Christus ist für unsere Sünden gestorben, wie es in den Heiligen Schriften vorausgesagt war, und wurde begraben. Er ist am dritten Tag vom Tod auferweckt worden, wie es in den Heiligen Schriften vorausgesagt war, und hat sich Petrus gezeigt, danach dem ganzen Kreis der Zwölf.« (1 Korinther 15,3-5)

Ein Wohnraum in Nazaret
aus der Zeit Jesu

NAMEN FÜR
DIE BESONDERE
BEDEUTUNG VON JESUS

So wie »Christus« eigentlich nicht nur ein Beiname von Jesus ist, sondern ein Ehrentitel, der seine besondere Bedeutung und Würde zum Ausdruck bringt (siehe die Seite 47), gibt es noch eine Reihe von weiteren Würdetiteln, von denen jeder einen besonderen Aspekt seines Heilswirkens beschreibt.

Menschensohn Wenn im Neuen Testament von Jesus als dem Menschensohn die Rede ist (der Begriff bedeutet ursprünglich einfach

Christus als Herrscher über die ganze Welt
(Darstellung aus dem Dom von Cefalu, Italien)

»Mensch«), so knüpft dies an eine Vision vom Weltgericht aus dem Buch Daniel an: Einer, »der aussah wie der Sohn eines Menschen«, kommt »mit den Wolken« und empfängt die Weltherrschaft (Daniel 7,13). Über diese Vorstellung hinausgehend, spricht das Neue Testament aber auch über die Vollmacht des Menschensohns zur Sündenvergebung (Markus 2,10), von seinem Herrsein über den Sabbat (Markus 2,28) und seiner besonderen Sendung (Lukas 19,10). Dazu kommen Worte vom leidenden und auferstehenden Menschensohn (z.B. Markus 8,31), die für seine Zeitgenossen neu und ungewohnt waren.

Sohn Gottes Die Vorstellung, dass bestimmte Menschen von einem Gott abstammen, gab es bei vielen Völkern des Altertums. Die Ägypter z.B. verehrten den Pharao als »Sohn des Re« und glaubten, der Sonnengott Re habe ihn gezeugt. In Israel war das anders: Das ganze erwählte Volk galt als »Sohn Gottes« (z.B. Jeremia 31,9; Hosea 11,1). Zwar wurde auch hier der Titel in ganz besonderer Weise dem König zuteil, doch wurde er nicht durch Zeugung, sondern bei der Thronbesteigung durch Adoption zu Gottes Sohn (Psalm 2,7). Im Neuen Testament wird diese Vorstellung einige Male im Zusammenhang mit Jesus zitiert, z.B. bei seiner Taufe und Verklärung (Markus 1,11; 9,7). Letztlich aber wird für die ersten Christen Jesus durch die Auferstehung zum Sohn Gottes eingesetzt (Römer 1,3-4).

Die einzigartige Nähe Jesu zu Gott kommt auch darin zum Ausdruck, dass er ihn mit »Abba« (»lieber Vater«) anredet, was etwa unserem heutigen »Papa« entspricht – für die damaligen Juden eine fast unerhörte Vertraulichkeit.

Herr »Herr« war in alter Zeit die übliche Anrede für eine höher gestellte Person und wurde so auch für Jesus verwendet. Darüber hinaus gewinnt der Titel noch einen tieferen Sinn in der Auseinandersetzung der Christen mit ihrer heidnischen Umwelt, die ihre Götter ebenfalls als »Herren« anrief: Jesus ist der »Herr der Herren« und als solcher diesen Göttern unendlich überlegen.

Am wichtigsten für den Glauben aber ist die dritte Bedeutung, in der der Begriff Verwendung findet: Im Alten Testament wird der Titel »Herr« für Gott gebraucht. Die Christen beziehen nun einzelne von diesen Stellen auf ihren »Herrn« Jesus Christus, denn sie sind überzeugt: In ihm kommt Gott selbst auf die Menschen zu – und zwar auf einzigartige und endgültige Weise.

JESUS TRITT AN DIE ÖFFENTLICHKEIT

Im Alter von etwa 30 Jahren lässt Jesus sich von Johannes im Jordan taufen. Die Evangelien berichten, dass bei dieser Taufe der Geist Gottes auf Jesus herabkommt und ihn für seine Aufgaben bereitmacht (Lukas 3,21-22). Danach zieht Jesus sich für kurze Zeit in die Wüste zurück – den Ort der inneren Vorbereitung und der Gottesnähe (siehe Seite 52). Dann beginnt er, Schüler um sich zu sammeln, zu lehren und Kranke zu heilen. Die Menschen erkennen in seinen Worten und Taten eine Vollmacht, die Gott selbst ihm verliehen hat (Markus 1,21-28), ja, sie merken, dass Gott in Jesus, in seinem gesamten Verhalten, Wirken und Predigen gegenwärtig ist. Er verkündet und lebt Gottes Gegenwart so, dass die Menschen, die ihm begegnen, spüren: Gott ist ihnen ganz nah.

Die selbstverständliche Inanspruchnahme göttlicher Vollmacht bringt Jesus aber auch immer wieder in Konflikt mit den religiösen Führern seines Volkes, den Gesetzeslehrern und Pharisäern. Auch seine Zuwendung zu den Ausgestoßenen und Verachteten der damaligen Gesellschaft führt oft zu offener Kritik.

Sogar die engsten Jünger Jesu begreifen nicht immer, was er sagt und tut. Als Jesus ihnen erklärt, er sei weder ein militärischer noch ein politischer Führer, sondern werde den Tod erleiden, um seinen Auftrag von Gott zu erfüllen, reagieren sie mit Unverständnis (Markus 8,31-33).

Fischer auf dem See Gennesaret

JESU BOTSCHAFT VON DER HERRSCHAFT GOTTES

»Es ist so weit: Jetzt wird Gott seine Herrschaft aufrichten und sein Werk vollenden. Ändert euer Leben und glaubt dieser guten Nachricht!« Dies ist – kurz zusammengefasst – der Kern der Predigten Jesu (Markus 1,15). Der Begriff der »Herrschaft Gottes«, um die es ihm geht, wird in traditionellen Bibelübersetzungen meist mit »Reich Gottes« oder »Himmelreich« wiedergegeben. Das darf nicht zu dem Missverständnis verleiten, es gehe um ein Reich, das im Himmel liegt und mit dem Alltag der Menschen wenig zu tun hat. Im Gegenteil: Die »Herrschaft Gottes« bezeichnet den Bereich, in dem Gott sich als Herr erweist – gerade in unserer Welt und in unserem Leben.

Die Taten Jesu, seine »Wunder«, sind Zeichen dafür, dass Gott jetzt wirklich seine Herrschaft aufrichtet: Blinde sehen, Gelähmte gehen und Aussätzige werden gesund (vgl. Matthäus 11,2-6). Doch nicht nur körperlich soll die Welt wieder heil werden. Ein Zeichen und Wunder ganz besonderer Art ist es, dass Jesus sich derer annimmt, die am Rand der Gesellschaft stehen, und zwar nicht nur der Armen, die schon im Alten Testament der Fürsorge ihres Volkes empfohlen werden, sondern besonders auch derer, die Schuld auf sich geladen haben. Ihnen gilt seine besondere Aufmerksamkeit und Liebe. Die Reichen, Satten und Selbstzufriedenen dagegen sieht er in höchster Gefahr. Wenn Gottes Herrschaft kommt, wird das Urteil über sie gesprochen (vgl. Lukas 6,20-26).

Die Botschaft Jesu vom Reich Gottes steht in einer Spannung des »Schon« und »Noch nicht«. Im Handeln und Reden Jesu ist die Anwesenheit Gottes *schon* sichtbar, vor allem für die, die seine Worte ernst nehmen und ihm glauben. Die endgültige Vollendung aber ist *noch nicht* da. Das Reich Gottes ist gegenwärtig und zukünftig zugleich.

Bis die Vollendung kommt, stehen alle, die zu Jesus gehören wollen, vor der Aufgabe, ihr bisheriges Handeln zu überprüfen und aufzugeben, was sie von Gott trennt. Jesus gibt den Menschen ganz neue Maßstäbe. Sie haben in den Lebensregeln der Bergpredigt (Matthäus 5–7), besonders im Gebot der Feindesliebe (Matthäus 5,43-48) ihren klassischen Ausdruck gefunden.

Wie das Reich Gottes sein wird, beschreibt Jesus vor allem in den vielen Gleichnissen (siehe Seite 60).

DIE GLEICHNISSE JESU

Jesus kleidet seine Verkündigung oft in Gleichnisse. Gut ein Drittel der biblischen Jesusworte haben diese Form. Ein **Gleichnis im engeren Sinn** ist ein in die Form einer Erzählung gekleideter Vergleich. Jesus macht darin alltägliche Dinge wie Saat und Ernte, das Backen von Brot oder das Suchen eines verlorenen Geldstücks zum Bild für die eigentlich unvergleichliche Wirklichkeit des Reiches Gottes. So weist z.B. das Gleichnis vom Senfkorn (Markus 4,30-32) auf den Kontrast zwischen dem winzigen Samenkorn und der großen Senfpflanze hin. So ermutigt es, darauf zu vertrauen, dass aus den unscheinbaren Anfängen, die in der Gegenwart schon sichtbar sind, tatsächlich das Reich Gottes erwächst. Die Verwendung der Bilder macht das Gemeinte in der Regel unmittelbar verständlich und lässt die Gleichnisse gut im Gedächtnis haften.

Andere Gleichnisformen sind:

Die Parabel Sie nimmt als Vergleichsgröße einen einmaligen, außergewöhnlichen Fall (z.B. Die Arbeiter im Weinberg, Matthäus 20,1-15; Der verlorenen Sohn, Lukas 15,11-32). Wie beim Gleichnis im engeren Sinn kommt es darauf an, den Vergleichspunkt zu finden, der das Gemeinte illustriert. Nicht alle Einzelzüge sollen ausgedeutet werden.

Die Allegorie Im Unterschied zur Parabel sind bei der Allegorie die einzelnen Bestandteile zu deuten (in Markus 12,1-12 z.B. der Weinberg, der Besitzer, der Pächter usw.).

Die Beispielerzählung Sie führt die gemeinte Sache an einem praktischen Fall vor, der als einladendes oder abschreckendes Beispiel dient (z.B. Der barmherzige Samariter, Lukas 10,29-37; Vom reichen Bauern, Lukas 12,16-21; Vom Pharisäer und dem Zolleinnehmer, Lukas 18,9-14).

Eins ist allen Gleichnissen gemeinsam: Sie wollen den Zuhörer überzeugen, zum Mitdenken und zum Umdenken bewegen und fordern eine Entscheidung heraus.

In Markus 4,10-12 heißt es aber auch, dass Jesus Gleichnisse erzählte, um seine Botschaft zu verhüllen. Einige sind tatsächlich für Außenstehende kaum verständlich und boten so den Gegnern Jesu womöglich weniger Angriffsfläche.

DAS »HAUS« IN BIBLISCHER ZEIT

An vielen Stellen der Bibel steht in der Originalsprache »Haus«, wo in modernen Übersetzungen von »Familie« oder »Hausgemeinschaft« die Rede ist (1 Mose/Genesis 7,1; Apostelgeschichte 10,2). Darin zeigt sich, dass »Haus« in biblischer Zeit nicht nur ein Gebäude bezeichnet, sondern »eine Gemeinschaft von Menschen«, die sogar über die »Familie« in unserem Sinne hinausgeht.

Der »Stamm« Wenn vom »Haus Israel« oder dem »Haus Jakob« gesprochen wird, sind alle Menschen gemeint, die von einem bestimmten »Stammvater« herkommen. Nur sie sollten ursprünglich (mit Ausnahme enger Blutsverwandter) untereinander heiraten (vgl. 1 Mose/Genesis 24,4). Im Neuen Testament wird ausdrücklich darauf hingewiesen, dass Josef aus dem »Haus David« stammt (Lukas 1,27), was in manchen Übersetzungen mit »Nachkomme Davids« wiedergegeben ist.

Die örtliche Familie Nach der Hochzeit zog die Frau ins Haus ihres Mannes, also in den Verband, in dem er mit seinen Brüdern (und deren Frauen) lebte.

Die Frau Während ein Mann in der Frühzeit Israels mehrere Frauen haben konnte, setzte sich schon vor dem Exil die Monogamie durch. Ehebruch wurde streng bestraft. Die Frau sorgte vor allem für die Erziehung und Bildung der kleineren Kinder. Sie verrichtete Haus- und Feldarbeit.

Der Mann Er war »Herr« der Frau und des ganzen Hauses. Im Unterschied zur Frau konnte er sich scheiden lassen.

Die Kinder Sie galten als Inbegriff des Segens Gottes. Unfruchtbarkeit wurde dagegen als Schande angesehen. Die Erziehung war streng. Frühzeitig nahmen Kinder am Erwerbsleben der Eltern teil (David hütete Schafe, Jesus zog wohl mit seinem Vater von Baustelle zu Baustelle).

Sklaven und Diener Noch zur Zeit Jesu war es normal, Sklaven zu haben. Der Brief des Paulus an Philemon ist ein Beleg dafür. Gegenüber anderen Nationen ging es Sklaven in Israel eher besser. 2 Mose/Exodus 21 sieht z. B. Strafen für die Misshandlung von Sklaven vor. Diener (»Knechte«) hatten mehr Rechte als Sklaven und waren im Haus angestellt. Paulus betont, dass es für Christen unerheblich sei, ob sie Sklaven seien oder Christ, da nur einer wirklich »Herr« über andere Menschen sei, nämlich Christus, durch den irdische »Herren« und »Sklaven« zu Geschwistern werden.

Tagelöhner Anstelle fest angestellter Diener und Sklaven wurden besonders in Städten gern Arbeiter für befristete Zeiträume gedungen. Es waren »hire and fire«-Verträge wie es sie bis heute gibt. Texte wie das Gleichnis von den Arbeitern im Weinberg (Matthäus 20) beziehen sich darauf.

Beduinenfrau beim Brotbacken

Die Kirche auf dem Berg der Seligpreisungen am See Gennesaret erinnert an die Bergpredigt Jesu.

GALILÄA ZUR ZEIT JESU

Der Nordteil Israels wurde *galil* (= »Kreis«) genannt. So wird dieses Gebiet wörtlich übersetzt »Kreis/Bezirk der Heiden« genannt (Jesaja 8,23). In der Tat war Galiläa seit jeher ein kulturell und religiös unruhiges Land. Häufige Umsiedlungsaktionen vermischten die Bevölkerung mit der aus Nachbarländern. Die große Straße *(via maris)* brachte mit Kaufleuten und Soldaten fremde und ungewohnte Vorstellungen und Philosophien ins Land. In den Bergen verschanzten sich die Rebellen bei politischen Unruhen. So versteht man die Frage Natanaëls: Kann von dort etwas Gutes kommen? (Johannes 1,46)

Der See Ca. 200 m unter NN liegt der See Gennesaret, das »galiläische Meer«. Viele Begebenheiten im Leben Jesu fanden hier statt, und am Nordwestufer des Sees lag auch die Stadt, die »Basis« seines Wirkens war:

In **Kafarnaum,** einem Fischerstädtchen mit etwa 4000 Einwohnern, wohnte Petrus mit seiner Familie. An der Zollstelle gelangte man aus dem Regierungsgebiet des Landesfürsten von Galiläa und Peräa, Herodes Antipas, in das des benachbarten Fürsten Philippus. Nach dem Zeugnis der Evangelien gab es in Kafarnaum außerdem eine kleine Einheit jüdischer Soldaten unter Leitung eines römischen Centurio. Hier wie in anderen Orten am See heilte Jesus viele Kranke. Dies leuchtet insofern ein, als einige Orte am See Gennesaret Heilbäder mit heißen Schwefelquellen waren.

Tabgha (Siebenquell) am See Gennesaret besitzt eine noch heute sehr fischreiche Bucht. Hier wird man sich den Arbeitsplatz von Petrus und Jakobus und die Jüngerberufung vorzustellen haben. Hier soll der Auferstandene den Jüngern auch zum ersten Mal erschienen sein.

Betsaida war der Heimatort von Andreas und Petrus. Hier heilte Jesus einen Blinden (Markus 8,22-26).

Aus der Stadt **Magdala** kam eine Frau namens Maria, die Jesus heilte und die ihm folgte (Lukas 8,1-3).

Die Lage des Sees und der ihn umgebenden Orte zeigt die Karte auf S. 94.

ZEICHEN UND WUNDER

»Wunder« sind Ereignisse, in denen Menschen unmittelbar Gott am Werk sehen. Im Alten Testament gibt es zahlreiche Berichte über sein wunderbares Eingreifen zugunsten seines Volkes oder eines einzelnen Menschen, die alle zugleich Ausdruck der staunenden Dankbarkeit für die Erfahrung solchen Heilshandelns sind. Viele der Wundertaten, die im Neuen Testament von Jesus berichtet werden, erinnern an entsprechende Erzählungen aus dem Alten Testament. Darin wird deutlich, dass auch sie nicht »Selbstzweck« sind, sondern Zeichen dafür, dass durch seine Gegenwart das Reich Gottes anbricht. Die Wunder Jesu sind der augenfällige Ausdruck seiner Liebe zu den Menschen und seiner helfenden Fürsorge: Kranke werden geheilt und Menschen von Dämonen befreit, sogar der Tod verliert in der Gegenwart Jesu seine Macht. Im Johannesevangelium, das sieben besonders ausdrucksvolle Wunderge-schichten erzählt, wird ihre Funktion, die göttliche Macht und Würde Jesu für den Glauben sichtbar zu machen, dadurch unterstrichen, dass sie ausdrücklich »Zeichen« genannt werden. Je nach Situation, in der von Wundertaten Jesu berichtet wird, kann man die Wundergeschichten einteilen in:

Dämonen → Exorzismuswunder
Der Besessene von Gerasa
Mk 5,1-20 (Mt 8,28-34; Lk 8,26-39)
und 6 weitere ... Mt 9,32-34; Mk 1,21-28;
Mk 7,24-30; Mk 9,14-29; Apg 16,16-18;
Apg 19,13-17

Krankheit → Heilungswunder
Der Hauptmann von Kafarnaum
Mt 8,5-13 (Lk 7,1-10; Joh 4,46-53)
und 11 weitere ... Mt 9,27-31; Mk 1,29-31;
Mk 1,40-45; Mk 5,25-34; Mk 7,31-37;
Mk 8,22-26; Mk 10, 46-52; Lk 17,11-19;
Joh 5,2-18; Apg 3,1-10; Apg 9, 32-35

Tod → Erweckungswunder
Die Tochter des Jairus
Mk 5,21-43 (Mt 9,18-26; Lk 8,40-56)
und 4 weitere ... Lk 7,11-17; Joh 11,1-44;
Apg 9, 36-42; Apg 20,7-12

Gefahr → Rettungswunder
Der Sturm auf dem See
Mk 4,35-41 (Mt 8,23-27; Lk 8,22-25)
und 4 weitere ... Mk 6,45-52; Apg 12,3-11;
Apg 16,23-34; Apg 27,14-44

Mangel → Geschenkwunder
Die Speisung der 5000
Mk 6,30-44 (Mt 14,13-21; Lk 9,10-17;
Joh 6,1-13)
und 3 weitere ... Mk 8,1-9; Lk 5,1-11;
Joh 2,1-11

Konflikte → Normenwunder
Heilung des Blindgeborenen
Joh 9,1-14 und 7 weitere ...
Mt 17,24-27; Mk 3,1-6;
Mk 2,1-12; Lk 13,10-17; Lk 14,1-6;
Apg 5,1-11; Apg 28,1-6

AUFRUF
ZUR NACHFOLGE

In der Zeit seines Wirkens hat Jesus immer wieder Menschen berufen, ihm »nachzufolgen«. Der Begriff leitet sich von der ganz konkreten Lehr- und Lebensgemeinschaft ab, die einen jüdischen Rabbi mit seinen Schülern verband. Diese gehörten für die Zeit ihrer Ausbildung zum Haushalt ihres Lehrers, dem sie bei öffentlichen Auftritten in angemessenem Abstand »nachfolgten«. Doch Jesus hatte keinen festen »Haushalt«, und seine Jünger mussten seine Heimatlosigkeit und Ungeborgenheit teilen (Matthäus 8,19-20). Sie lebten mit ihm in äußerster materieller Anspruchslosigkeit, ganz auf die Fürsorge Gottes vertrauend. Den Ruf in die Nachfolge anzunehmen, hieß für die Jünger sich aus allen weltlichen Sicherungen und menschlichen Bindungen zu lösen und zutiefst verpflichtende Ansprüche der Tradition außer Acht zu lassen: Ein Mann, der sich noch von seiner Familie verabschieden will, erhält von Jesus zur Antwort: »Wer seine Hand an den Pflug legt und zurückschaut, den kann Gott nicht gebrauchen« (Lukas 9,62). Ein anderer, der zuerst seinen Vater beerdigen will: »Überlass es den Toten, ihre Toten zu begraben!« (Lukas 9,60). So lassen die Fischer auf den einfachen Anruf »Kommt, folgt mir!« alles stehen und liegen, lassen sogar den eigenen Vater im Boot zurück und stellen ihr ganzes Leben in den Dienst der Sache Jesu (Markus 1,16-20).

Noch deutlicher als das Wunder Jesu ist gerade der Jüngerkreis ein Zeichen der anbrechenden Gottesherrschaft. Deshalb werden die Jünger in der Bergpredigt als »Salz der Erde« und »Licht für die Welt« bezeichnet (Matthäus 5,13-14).

Nachfolge und Jüngerschaft können auf verschiedene Weise gelebt werden. Schon von den ersten Jüngern Jesu war nicht jeder dazu aufgefordert, seine Heimatlosigkeit mit ihm zu teilen oder radikal auf Besitz zu verzichten. Doch die grundsätzliche Bereitschaft dazu ist Voraussetzung und Konsequenz der Jüngerexistenz. Es gibt keine halbherzige Nachfolge: »Niemand kann zwei Herren zugleich dienen« (Matthäus 6,24). Damit steht Jesus ganz in der Tradition des alttestamentlichen Gebots, Gott von ganzem Herzen zu lieben (5 Mose/Deuteronomium 6,5).

Der Auftrag des auferstandenen Jesus: »Macht die Menschen zu meinen Jüngern und Jüngerinnen!« (Matthäus 28,19) fordert dazu auf, auch sie herauszurufen aus dieser von Schuld und Tod gekennzeichneten Welt und ihnen in der kommenden Welt Gottes Heimat zu geben. Dies bedeutet eine Neubegründung und Neuorientierung des ganzen Lebens, die dem Grundthema von Jesu Predigt entspricht: »Ändert euer Leben!«

Das Krankenhausschiff »Licht im Amazonas« – eine Initiative der Brasilianischen Bibelgesellschaft – ist ein gutes Beispiel für Nachfolge heute: Ärzte, Sozialarbeiter und Seelsorger bieten den Menschen freie medizinische Versorgung, geistlichen Beistand und Beratung in Familien- und Lebensfragen an.

Auf der Festung Masada verschanzte sich 66–74 n. Chr. eine Gruppe Zeloten, bis die Römer die Festung mit großem technischen Aufwand schließlich doch einnahmen.

RELIGION UND POLITIK ZUR ZEIT JESU

Die Pharisäer (die »Abgesonderten«) Die Laienbewegung, die vor allem aus der Landbevölkerung stammte, steht (zu Unrecht) in dem schlechten Ruf, scheinheilig gewesen zu sein. In Wirklichkeit bemühte sie sich um ein möglichst heiliges Leben und um die genaue Befolgung der Tora. Die Pharisäer wollten wie die Priester alle Reinheitsvorschriften des Mosegesetzes beachten und hielten sich daher von allem fern, was sie beflecken könnte. Das führte naturgemäß auch zu einem gewissen Elitedenken. Der Umgang Jesu mit Sündern und Kranken passte nicht in ihr Konzept. In anderer Hinsicht stand seine Theologie der pharisäischen aber sehr nahe.

Die Schriftgelehrten Jüdische Theologen, deren Aufgabe das Studium und die Auslegung des Mosegesetzes war. Zur Zeit Jesu gehörten die meisten Schriftgelehrten zu den Pharisäern. Jesus wirft ihnen vor, dass sie über dem Anliegen der strikten Gesetzesbefolgung den Menschen vergessen (Matthäus 23,2-4).

Die Essener (von Chassidim = »die Frommen«) Sie kamen aus derselben Frömmig-

keitstradition wie die Pharisäer, distanzierten sich aber noch radikaler von dem aus ihrer Sicht verweltlichten Israel und seinen religiösen Instanzen. Einige zogen in die Wüste Juda (die Siedlung Qumran am Toten Meer gehörte vermutlich zu den Essenern). Durch tägliche Reinigungsbäder wollten sie alle Schuld abwaschen. Möglicherweise hat Jesus in einem Raum von Jerusalemer Essenern sein letztes Abendmahl gefeiert (siehe Markus 14,13: Ein Mann, der Wasser trägt, ist ungewöhnlich!).

Die Sadduzäer (die »Priesterlichen«) Zu dieser Gruppe gehörten vorwiegend Angehörige der vornehmen Priestergeschlechter und Vertreter der weltlichen Aristokratie. Ihr Name leitet sich wohl von Zadok her, dem von Salomo eingesetzten obersten Priester am Jerusalemer Tempel (2 Samuel 8,17). Sie lehnten alle Lehren ab, die über das wörtlich in den fünf Mosebüchern Enthaltene hinausgingen. Dazu gehört z. B. auch der Glaube an die Auferstehung der Toten (siehe Markus 12,18-27).

Zeloten (»Eiferer«) und Sikarier (»Dolchmänner«) Sie kämpften vom Tempel aus mit »heiligem Zorn« gegen die römische Besatzung. Ihr Ziel war die gerechte Verteilung des Landes und die Entschuldung der Kleinbauern. Jesus teilte ihr Anliegen, lehnte aber die militanten Mittel ab. Das auf Entscheidung drängende Verhalten des Judas Iskariot könnte darauf hindeuten, dass er zu einer solchen Gruppe gehörte.

DIE LETZTEN TAGE JESU IN JERUSALEM

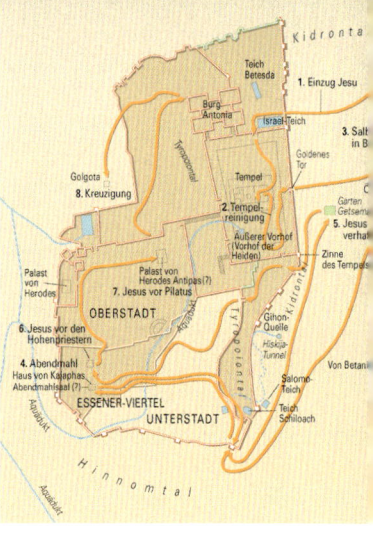

Die sogenannte Passion, der Leidensweg Jesu bis zu seinem Tod, spielt sich in der letzten Woche seines Lebens in Jerusalem ab. Hier eine Übersicht über die Ereignisse, wie die Evangelien sie berichten.

Sonntag: Einzug in Jerusalem: Jesus reitet auf einem jungen Esel und wird wie ein König begrüßt (Markus 11,1-11).

Montag: Tempelreinigung: Jesus vertreibt die Händler und Geldwechsler aus dem Tempel (Markus 11,15-19).

Dienstag: Jesus lehrt im Tempel (Markus 12–13).

Mittwoch: Salbung in Betanien (Markus 14,3-9). Judas kommt mit den führenden Priestern überein, Jesus zu verraten (Markus 14,10-11).

Donnerstag: Das letzte Abendmahl mit den zwölf Aposteln im Obergeschoss eines Hauses in Jerusalem. Danach nimmt Jesus die Jünger mit in den Garten Getsemani, um zu beten.

Jesus wird verhaftet, nachdem Judas ihn mit einem Kuss verraten hat (Matthäus 26, 17-56).

Freitag: Jesus wird vor die führenden Priester gebracht (Matthäus 26,57-68), danach vor den Hohen Rat, das oberste Gericht der Juden. Anschließend wird er Pontius Pilatus vorgeführt, der ihn zu Herodes zu einem Verhör schickt (Lukas 23,1-12). Pilatus fällt das Todesurteil. Jesus wird nach Golgota gebracht und gekreuzigt (Markus 15,21-41). Nach seinem Tod wird der Leichnam vom Kreuz abgenommen und im Grab des Josef von Arimathäa, eines reichen Juden, beigesetzt (Markus 15,42-47).

PALMSONNTAG UND GRÜNDONNERSTAG

Die Woche vor Ostern wird Karwoche genannt (siehe Seite 69), manchmal auch Heilige bzw. Große Woche. Sie beginnt mit dem **Palmsonntag,** der an den Einzug Jesu in Jerusalem erinnert (Matthäus 21,1-11). Dort wollte Jesus mit seinen Jüngern das Passafest feiern (zu Passa siehe Seite 24–25). Auf einem Esel reitend kam er in die Stadt und erfüllte damit die Erwartungen, die mit dem ersehnten Friedenskönig verbunden waren: »Sagt der Zionsstadt: Dein König kommt jetzt zu dir! Er verzichtet auf Gewalt. Er reitet auf einem Esel.« (Matthäus 21,5; vgl. Jesaja 62,11 und Sacharja 9,9) Mit großem Jubel wurde Jesus empfangen und als »Davidssohn« begrüßt. In katholischen Gemeinden erinnern noch heute Palmprozessionen daran, dass die Menschen damals ihrer Verehrung Ausdruck verliehen, indem sie Zweige von den Bäumen und sogar ihre eigenen Kleider vor Jesus auf der Straße ausbreiteten, damit er wie auf einem Teppich darüber reiten konnte.

Die Hoffnung vieler Zeitgenossen Jesu war wohl, er werde das jüdische Volk – vielleicht sogar durch einen Aufstand – von den römischen Besatzern befreien. Doch seine Königsherrschaft verwirklichte sich in anderer Weise. Sein Weg führte ans Kreuz.

Zuvor feierte er mit seinen Jüngern ein Abschiedsessen (Markus 14,17-26; Lukas 22,14-20). Dabei sagte er ihnen, dass ihre Mahlgemeinschaft mit seinem Tod nicht enden wird. Er, der Menschen zu Gott gebracht hat, wird auch weiterhin bei ihnen sein, wenn sie in seinem Namen Tischgemeinschaft halten, wozu er sie ausdrücklich auffordert. Bei der Einsetzung des Abendmahls, die ihren Gedenktag am **Gründonnerstag** hat, deutete er sein bevorstehendes Leiden und Sterben als Hingabe seines Lebens, seiner ganzen Person für die Menschen. Wenn wir heute Abendmahl feiern, erleben wir durch Brot und Wein, dass diese Hingabe auch uns gilt, dass er gegenwärtig ist in unserer Gemeinschaft und auch uns mit Gott versöhnt. Der Name »Gründonnerstag« kommt entgegen einem verbreiteten Missverständnis nicht von der Farbe Grün, sondern von »greinen«, d. h. weinen. Die Sünder, die »Greinenden«, die am Aschermittwoch aus der Gemeinschaft ausgeschlossen worden waren, wurden am Gründonnerstag aus ihrer Bußzeit entlassen und wieder in die Gemeinde aufgenommen, die nun versöhnt Tod und Auferstehung Jesu feiern konnte. In der katholischen Kirche nimmt der Priester am Gründonnerstag an einigen Gemeindegliedern symbolisch die Fußwaschung vor – in Erinnerung an die Fußwaschung, mit der Jesus seinen Jüngern diesen Sklavendienst tat (Johannes 13,2-17). Beides, Abendmahl und Fußwaschung, machen Gründonnerstag im Unterschied zu den anderen Tagen der Karwoche zu einem Tag festlicher Freude.

KREUZIGUNG
UND TOD JESU

So wie Jesus lebte und lehrte, musste er in Konflikt geraten mit den damaligen religiösen und gesellschaftlichen Autoritäten: Er setzte sich an einen Tisch mit Zöllnern und Sündern, die von der Gesellschaft verachtet und ausgestoßen waren; er übertrat das Sabbatgebot und beanspruchte für sein Handeln überdies eine direkte Bevollmächtigung durch Gott. Stellvertretend für diesen Konflikt werden in den Evangelien die Auseinandersetzungen Jesu mit den Pharisäern geschildert (dadurch entsteht ein verzerrtes Bild der Pharisäer, vgl. Seite 65). Er gipfelt schließlich in der Hinrichtung Jesu.

Als Jesus zum Passafest nach Jerusalem zog, konfrontierte er das religiöse Zentrum Israels mit der Botschaft von der angebrochenen Gottesherrschaft (siehe Seite 59) und führte die Auseinandersetzungen zu einem Höhepunkt. Mit einem provokativen Akt (Markus 11,15-19) stellte er den Tempel selbst in Frage und kündigte ein neues Gottesverhältnis an. Das Risiko, das mit diesem Auftreten verbunden war, muss ihm bewusst gewesen sein. Denn das damalige Judentum wusste vom Schicksal der Propheten, die aufgrund ihres Auftrags von ihrem Volk verworfen wurden. Ähnlich sah wohl auch Jesus seinen Weg.

Das Synedrium, die oberste jüdische Behörde, ließ Jesus gefangen nehmen und lieferte ihn dem römischen Präfekten Pontius Pilatus aus unter dem Vorwand, dass es sich um einen politischen Aufwiegler handle. Tatsächlich wurde Jesus von Pilatus unter der Anklage des Aufruhrs und der Anführerschaft einer messianischen Freiheitsbewegung zum Tode verurteilt und am Kreuz hingerichtet. Die Kreuzigung war eine äußerst qualvolle und erniedrigende Art der Hinrichtung, die die Römer typischerweise bei Aufständischen und deren Sympathisanten einsetzten. Sie galt als so grausam, dass sie bei römischen Staatsbürgern nicht angewendet werden durfte.

Jesus starb nicht mit heiterer Überlegenheit, wie etwa Sokrates, sondern mit einem Schrei auf den Lippen: »Mein Gott, mein Gott, warum hast du mich verlassen?« (Psalm 22,2). Doch indem er noch in der tiefsten Gottverlassenheit nach seinem (!) Gott schrie, hielt er zugleich an der Gemeinschaft mit Gott fest.

Josef von Arimathäa, ein angesehener Mann und wohl heimlicher Anhänger Jesu, sorgte dafür, dass er ein würdiges Grab bekam.

Das sogenannte Gartengrab in Jerusalem zeigt, wie eine Grabanlage zur Zeit Jesu ausgesehen hat.

KARFREITAG

Am Freitag vor Ostern gedenkt die Christenheit der Kreuzigung und des Todes Jesu. Der Name »Karfreitag« kommt von dem althochdeutschen Wort »kara«, das Trauer bedeutet. Entsprechend wird die gesamte Woche von Palmsonntag bis zum Samstag vor Ostern »Karwoche« genannt. Sie bildet den Höhepunkt der Passionszeit.

Karfreitag und Palmsonntag bilden einen Gegensatz, wie er stärker kaum denkbar ist. Beim Einzug in Jerusalem wurde Jesus jubelnd empfangen. Mit ihm verband sich die Hoffnung, er werde als Messias das jüdische Volk von den verhassten römischen Besatzern befreien. Doch stattdessen müssen seine Anhänger erleben, wie der Gottessohn geschunden und elend den Verbrechertod stirbt (Johannes 19,16-37). Erst nach der Auferstehung erkannten die Jünger, welch tiefer Sinn in diesem Tod am Kreuz liegt: Jesus Christus litt nicht nur *an* der Welt, die ihn und seine Botschaft nicht verstehen und annehmen wollte, und *durch* die Welt, die ihn folterte und tötete, sondern auch und gerade *für* die Welt, in die er von Gott gesandt war, um sie zu erlösen.

Evangelischen Christen gilt der Karfreitag seit dem 19. Jahrhundert als einer der höchsten Feiertage. Auch heute noch ist es in manchen Gegenden üblich, an diesem Tag in Trauerkleidung das Abendmahl zu nehmen. Im Gottesdienst schweigen Orgel und Glocken. Fasten, Besinnung und Stille charakterisieren den Tag. Katholische Christen gehen am Todestag Jesu die vierzehn Stationen des Kreuzwegs, um sich seinen Gang in den Tod zu vergegenwärtigen.

Karfreitagsprozession äthiopischer Christen nahe der Grabeskirche in Jerusalem

Feier der Osternacht in Taizé

DIE AUFERSTEHUNG JESU

Das Neue Testament schildert nicht die Auferstehung selbst. Dieses Ereignis, das jede menschliche Vorstellungskraft sprengt, wird vielmehr indirekt dargestellt, indem die Erfahrungen der Menschen erzählt werden, die bezeugen: Jesus lebt, Gott hat ihn vom Tod auferweckt.

Drei Tage nach Jesu Tod finden die Frauen, die Jesus bis zu seinem Tod begleitet haben, das Grab leer und erfahren als Erste von der Auferstehung (vgl. Lukas 24,1-12). Die Jünger, denen sie von ihrem Erlebnis berichten, schenken ihnen keinen Glauben. Doch dann begegnen zwei von ihnen auf dem Weg zum nahe gelegenen Emmaus selbst dem auferstandenen Herrn. Sie erkennen ihn zunächst nicht. Erst als er ihnen beim Mahl das Brot bricht, gehen ihnen die Augen auf (Lukas 24,13-35). In den folgenden Tagen begegnen auch die anderen Jünger dem Auferstandenen.

Nach dieser alles verändernden Erfahrung braucht ihr neu geweckter Glaube die sichtbare Gegenwart Jesu nicht mehr. Wie alle Christen nach ihnen, können sie darauf vertrauen, dass Jesus nunmehr in einer anderen Weise bei ihnen ist.

In 1 Korinther 15,20-28 erklärt Paulus, was die Auferstehung Jesu für uns bedeutet: Wenn wir auf Jesus Christus vertrauen, hat der Tod nicht mehr das letzte Wort. So wie durch *einen* Menschen, Adam, die Sünde und der Tod in die Welt gekommen ist, so bringt mit Christus, dem »zweiten Adam«, nun *ein* Mensch Auferstehung, Leben und Heil.

DAS OSTERFEST

»Der Herr ist auferstanden.« – »Er ist wahrhaftig auferstanden.« So grüßen sich orthodoxe Christen bei Sonnenaufgang am Ostermorgen. In den Ostkirchen hat sich, anders als bei uns, der ursprüngliche Rang des Festes erhalten: Der Osternachtsgottesdienst ist der feierlichste und glanzvollste Gottesdienst des Jahres, Ostern das christliche Fest schlechthin.

An Ostern feiern wir Christus als Sieger über Sünde und Tod. Die ersten Christen erinnerten sich jeden Sonntag an die Auferstehung, also an dem Tag der Woche, an dem die Frauen das leere Grab entdeckten. In Anlehnung an das jüdische Passafest wurde im Laufe der Jahrhunderte eine jährliche Feier daraus. Damit wird auch der Zeitpunkt für das Oster- wie für das Passafest nach dem Mond- und nicht nach dem Sonnenjahr bestimmt. Auf dem Konzil von Nizäa einigte man sich auf den Sonntag nach dem ersten Vollmond im Frühling. Das bedeutet, dass wir Ostern frühestens am 22. März, spätestens am 25. April feiern.

Das Wort »Ostern« ist wahrscheinlich aus einem germanischen Wort »Ostara« abgeleitet, das »Morgenröte« bedeutet und auf die aufgehende Sonne als Bild für die Auferstehung weist.

Mit dem Osterfest verbindet sich heute ein reiches Brauchtum, das zum Teil auch mit der erwachenden Natur im Frühling zusammenhängt: bunt gefärbte Eier, Osterlämmer aus Teig und Schokoladenhasen. Ursprünglich hatten alle diese Dinge aber auch eine tiefere symbolische Beziehung zum Auferstehungsfest: Das Osterlamm erinnert an das Passalamm und ist ein Symbol für Christus. Für den Evangelisten Johannes ist er das wahre Passalamm, das den Tod und die Sünde überwunden hat (Johannes 1,29). Das Ei ist ein uraltes Symbol des Frühlings und des erwachenden Lebens. Die frühe Christenheit sah im Ei ein Bild der Schöpfung und zugleich des Grabes Christi: Wie die Eierschale aufbricht, so zerbricht Jesus durch seine Auferstehung das Gefängnis des Todes. Der Hase galt den Kirchenvätern als Symbol für die Heiden, die wie die Klippdachse in Psalm 104 am Felsen des Glaubens Zuflucht suchen. (Da »Klippdachse« in Europa unbekannt waren, wurden schon in der alten griechischen Übersetzung des hebräischen Textes »Hasen« daraus.) Weil zu Ostern die bekehrten Heiden getauft wurden, hielt auch der Hase Einzug ins Brauchtum.

DIE ERSTEN CHRISTLICHEN GEMEINDEN

Das Pfingstfest setzt für die Anhänger Jesu einen entscheidenden Neuanfang: Lukas erzählt in Apostelgeschichte 2,1-13, wie der Heilige Geist auf sie herabkommt. So gestärkt, beginnen die Jünger, die sich nach dem Tod Jesu zunächst furchtsam versteckt hatten, unerschrocken zu predigen und führen das Werk Jesu weiter. Immer mehr Menschen schließen sich ihrer Gemeinschaft an. Hier liegt der Ursprung der christlichen Kirche bzw. der Gemeinde.

Christliche Taufstelle am Jordan

»Kirche« und »Gemeinde« sind zwei verschiedene Übersetzungen für das eine griechische Wort ekklesia. Eine Unterscheidung zwischen »Amtskirche« und »Ortsgemeinde«, die für uns heute in den deutschen Begriffen mitschwingt, kennt das Neue Testament noch nicht. Im politischen Bereich bezeichnet ekklesia die öffentliche Versammlung der stimmberechtigten Männer, im Judentum zur Zeit Jesu steht es für eine Schar von Menschen, die Gott in seinen Dienst ruft.

In den ersten christlichen Gemeinden leben die Männer und Frauen in enger Gemeinschaft. Sie treffen sich regelmäßig zum Gebet und zum Brotbrechen. Sie teilen ihren Besitz miteinander und verzichten bewusst auf Macht und Herrschaft. Stattdessen wollen sie einander in Liebe annehmen und nach dem Vorbild Jesu für alle da sein, die ihre Hilfe brauchen. So kümmern sie sich besonders um Witwen und Arme, die ohne jede soziale Absicherung dastanden. Die Aufnahme in die Gemeinde erfolgt von Anfang an durch die Taufe.

Die Taufe – Anfang des christlichen Lebens Die Taufe steht am Anfang des Lebens als Christ. Ursprünglich wurde der Täufling dabei nicht nur mit Wasser besprengt, sondern ganz untergetaucht. Die Symbolik der Handlung wurde dadurch noch deutlicher: Im Untertauchen »stirbt« der »alte«, von Gott ferne Mensch. Reingewaschen von aller Schuld, als »neue Schöpfung«, taucht er aus dem Wasser wieder auf. Nach Paulus verbindet uns die Taufe mit dem Tod und der Auferstehung Jesu (Römer 6,3-5): Weil Jesus für uns gestorben ist, sind wir von der Herrschaft der Sünde befreit und können ein neues Leben mit Gott beginnen. Dementsprechend sagt die Taufe dem Menschen das Geschenk des Heiligen Geistes und die Einsetzung zum Kind Gottes zu (Galater 3,26-27).

Das Abendmahl – Erlebnis der Gemeinschaft Seit den ersten Anfängen der Kirche feiern Christen das Abendmahl. Es geht auf Jesus selbst zurück: Beim letzten feierlichen Mahl mit seinen Jüngern reichte er ihnen Brot und Wein und trug ihnen auf, dasselbe auch in Zukunft untereinander zu tun. Das Brot steht für seinen Leib, der Wein für sein Blut, das für die Menschen vergossen wird (Markus 14,22-24). Paulus erläutert: Weil Christus in Brot und Wein sich selbst den Christen mitteilt, verbindet das Mahl sie zu einer Gemeinschaft in Christus. Sie werden zum »Leib Christi« (1 Korinther 10,16-17). Diese Gemeinschaft beschränkt sich nicht auf die Feier, sondern umfasst das ganze Leben. So wird die Gemeinde zum »leibhaftigen« Zeichen der Liebe Gottes in der Welt.

Pfingsten (El Greco, 1541–1614)

DAS PFINGSTFEST

Pfingsten wird immer 50 Tage nach Ostern gefeiert. Von dieser Zeitspanne hat das Fest auch seinen Namen. Es leitet sich ab vom griechischen Wort für »fünfzigster (Tag)«: »pentekoste (hemera)«. Am 50. Tag nach dem Ostersonntag schließt Pfingsten die österliche Festzeit ab. Es ist das dritte Hauptfest der Kirche: Nach Weihnachten, dem Fest der Liebe Gottes zu den Menschen, und Ostern, dem Fest Jesu Christi, feiern wir an Pfingsten die Sendung des Heiligen Geistes.

Wie Ostern hat auch das Pfingstfest eine Entsprechung im jüdischen Festkalender. Das Pfingstwunder ereignet sich, als viele Pilger nach Jerusalem gekommen sind, um das jüdische »Wochenfest« zu feiern (siehe Seite 24). 50 Tage nach dem Passafest erinnert es mit einer Festversammlung an die Gabe der Zehn Gebote und damit an den Bund Gottes mit dem Volk Israels. Dieses Fest feiern auch die Jünger, als sie ein »mächtiges Rauschen« hören und »etwas wie Feuer« sich in Form von »Flammenzungen« auf ihnen niederlässt (Apostelgeschichte 2,1-3): Der Heilige Geist kommt auf sie herab. Damit hat Gott einen »neuen« Bund geschlossen, so wie er sich mit dem Volk Israel durch die Zehn Gebote verbunden hat. Am Sinai offenbarte er sich im Feuer, daran erinnern die Feuerzungen im Pfingstbericht. Der Heilige Geist erfüllt die Jünger mit dem lebendigen Glauben daran, dass Gott Jesus vom Tod auferweckt hat, dass er heute lebt und regiert.

Sofort beginnen die Apostel, allen voran Petrus, anderen zu verkünden, was sie selbst erlebt haben. Dass sie plötzlich in vielen Sprachen sprechen und alle Zuhörenden sie verstehen können, steht zeichenhaft dafür, dass die Zerstreuung der Menschheit, die in der Verwirrung der Sprachen beim Turmbau von Babel ihren Anfang genommen hat, nun wieder aufgehoben wird.

Vom Geist Gottes, dem Geist der Liebe und des Friedens, geleitet, beginnt eine Bewegung, die die Christusbotschaft »bis ans äußerste Ende der Erde« trägt (Apostelgeschichte 1,8). Schon der Erfolg der ersten Predigt ist atemberaubend: Viele nehmen die Botschaft des Petrus an und lassen sich taufen. So entsteht die erste Gemeinde in der Nachfolge Christi. Von diesem Tag an läuft die Botschaft zuerst durch den Mittelmeerraum, dann um die ganze Welt. Überall bildeten sich Gemeinden und Kirchen. Damit ist Pfingsten sozusagen der »Geburtstag« der Kirche.

Überreste des Aquädukts von Cäsarea

DAS EVANGELIUM BREITET SICH AUS

Vor der Kreuzigung Jesu sind die Jünger geflohen (Markus 14,50). Einige gingen wohl zurück in die Orte, aus denen sie kamen, meist nach Galiläa. Dort, am See Gennesaret erfahren die ersten, dass Jesus lebt (Johannes 21). Hier und in Jerusalem entstehen »Nazoräer-Synagogen« (Christen nennt man sie erst später in Antiochia). Die Anhänger Jesu beginnen zu predigen und die Gemeinden wachsen erstaunlich schnell.

Jakobus, der »Bruder Jesu« (Markus 6,3) nimmt eine leitende Funktion in der judenchristlichen Gemeinde Jerusalems wahr (Apostelgeschichte 15,13; 21,18). Paulus trifft ihn auf der ersten Missionsreise (Galater 1,19).

Stephanus, der erste christliche Märtyrer, ist ein Mitglied des siebenköpfigen Leitungsgremiums des griechisch sprechenden Teils der Jerusalemer Urgemeinde. Obwohl man diesen Kreis eingesetzt hatte, um bei der Armenfürsorge auftauchende Probleme zu bewältigen (Apostelgeschichte 6,1-7), tritt Stephanus dann als geisterfüllter Verkündiger hervor (Apostelgeschichte 7,2-53), der auch angesichts des drohenden Todes unerschütterlich zu seinem Glauben steht.

Von **Philippus,** der zu demselben Leitungskreis gehörte, wird berichtet, dass er vom Geist Gottes an die Straße nach Gaza geführt wird, wo er den Finanzverwalter der äthiopischen Königin im Glauben unterrichtet und tauft (Apostelgeschichte 8,26-39). Von dort aus zieht Philippus nach Norden und verkündigt das Evangelium in den Städten des Küstenstreifens bis hinauf nach Cäsarea (8,40).

Aber es ist **Petrus,** der erstberufene Jünger Jesu, der in einer Vision ausdrücklich den ihm zunächst unfasslichen Auftrag erhält, einen Heiden zu taufen und die Einsicht auszusprechen: »Diese Leute haben genau wie wir den Heiligen Geist empfangen. Wer kann ihnen da noch die Taufe verweigern?« (Apostelgeschichte 10,47).

Als die sich schon bei der Steinigung des Stephanus abzeichnende Verfolgung von Christen in Jerusalem zunimmt, wandern viele von dort nach Norden aus. In Antiochia, der drittgrößten Stadt des römischen Reiches, entsteht die neben Jerusalem maßgebliche Christengemeinde der frühen Missionsphase. Von hier aus beginnt dann auch Paulus seine Missionsreisen.

DIE BRIEFE DES APOSTELS PAULUS

Die Schreiben an christliche Gruppen und Gemeinden aus der Feder des Paulus sind die ältesten Texte des Neuen Testamentes. Um das Jahr 50 schrieb er an die Thessalonicher. Erst ca. 20 Jahre später entstand das erste Evangelium (Markus). Paulus wird in 13 Briefen als Verfasser genannt. Einige wurden ihm jedoch wahrscheinlich nur zugeschrieben, um sie der Autorität des Apostels zu unterstellen (ein in der Antike oft zu beobachtendes Verfahren). Folgende Briefe stammen aber sicher von Paulus selbst:

Römer Gesamtvorstellung der Theologie des Paulus: Gott schenkt alles!

1 Korinther Das Grundbekenntnis der Christen (15,3), Klärung von Fragen des Lebens in der Gemeinde

2 Korinther Der Dienst des Apostels

Galater Die Christen und das jüdische Gesetz

Philipper Mahnung zur Einheit, Warnung vor Irrlehrern

1 Thessalonicher Umgang mit dem Tod, Warten auf die Wiederkunft Christi

Philemon An eine Hausgemeinde: Wie geht man mit einem entlaufenen Sklaven um?

Aus den Briefen erfahren wir das Wesentlichste über die ersten christlichen Gemeinden, ihr Zusammenleben, die Gottesdienste und Ämter. Interessant ist, dass nicht wenige Frauen in diesen Gemeinden zentrale Rollen einnehmen. Paulus weiß sogar von einer »Apostelin« namens Junia (Römer 16,7).

Die anderen Briefe sind unter die Autorität des großen Apostels gestellt worden:

Epheser Christus als Haupt der Kirche, Kirche als »Leib Christi«, Wachstum der Kirche durch Leben in Einheit

Kolosser Christus als Schöpfer und Versöhner, nicht kosmische Mächte beherrschen die Welt, sondern Christus, der die Mächte überwunden hat

2 Thessalonicher Der Jüngste Tag kommt noch nicht! Mahnung zu einem verantwortlichen Lebenswandel

1/2 Timotheus und **Titus** »Pastoralbriefe« mit Weisungen an die Gemeindeleiter, geordnete Gemeindestrukturen mit verschiedenen Ämtern, Warnung vor Irrlehren

Die Predigt des Paulus (Luca di Tomme, 1330–1389)

Paulus übergibt seine Briefe Timotheus und Silas. Ausschnitt aus einem Mosaik in der Kathedrale von Monreale (Spanien), 12. Jh.

PAULUS, DER UNBEQUEME APOSTEL

Er ist die bekannteste Persönlichkeit des Urchristentums, zugleich aber auch die umstrittenste. Von Anfang an stehen den Anhängern und Schülern des Missionsapostels auch Gegner gegenüber. Doch man kommt an Paulus nicht vorbei: Mehr als die Hälfte aller neutestamentlichen Schriften haben direkt oder indirekt mit ihm zu tun!

Nach Apostelgeschichte 21,39 wurde Paulus in Tarsus (heute Türkei), einer hellenistischen Großstadt, geboren. Er besaß das römische Bürgerrecht, was ihm zugute kam, als er in Jerusalem wegen vorgeblicher Anstiftung zum Aufruhr verhaftet wurde (Apostelgeschichte 22,25-29). In der Diaspora-Synagoge von Tar-

sus erhielt er die Grundlage seiner theologischen Ausbildung, die er in Jerusalem bei dem berühmten Gamaliël I. vollendete (Apostelgeschichte 22,3). Als Handwerker in der Lederverarbeitung gehörte Paulus zu den wohlhabenderen Leuten.

Unter seinem römischen Namen Saulus tritt er zum ersten Mal bei der Steinigung des Stephanus auf den Plan (Apostelgeschichte 7,58) und erzählt auch in seinen Briefen von sich selbst, dass er zuerst die Christen verfolgt habe (Philipper 3,6).

Bereits um das Jahr 33 vollzieht er eine radikale Kehrtwendung. Er wird berufen, das Evangelium zu verkünden (Galater 1,15), und tut dies mit demselben Eifer und dem theologischen Genie, wie er zuvor als jüdischer Pharisäer gewirkt hat.

Einige grundlegende Erkenntnisse des Paulus:

» Das Evangelium Jesu Christi gilt für Juden und Heiden gleichermaßen.
» Gott schenkt den Menschen seine Gnade ohne ihr Zutun. Kein Mensch kann sich das Heil verdienen.
» Grundlage des Glaubens ist nicht das Gesetz, sondern die Botschaft von Jesus Christus.
» Im Christentum gibt es keine Rangordnungen. Alle sind in ihrem Bereich gleich wichtig.

DIE MISSIONSREISEN DES PAULUS

Die Berichte der Apostelgeschichte über die drei großen Missionsreisen des Paulus klingen wie ein grandioser Siegeszug des Evangeliums. Die Realität dürfte ungleich härter gewesen sein. Nicht nur die gewaltigen Entfernungen lassen das vermuten, sondern auch die vielfältigen religiösen und politischen Interessen, die in den Städten des römischen Imperiums der noch jungen Botschaft des Christentums entgegenstanden.

Die **erste Reise,** die Paulus in Begleitung von Barnabas und Johannes Markus unternahm, führte ihn zuerst nach Zypern, der Heimat von Barnabas, und von dort nach Kleinasien (Apostelgeschichte 13–14).

Auf die **zweite Reise** nahm Paulus Silvanus (= Silas, Apostelgeschichte 15,40) und Timotheus mit. Er kehrte an einige Stationen der ersten Reise zurück und setzte dann nach Griechenland über. So brachte er das Evangelium nach Europa.

1. Missionsreise

2. Missionsreise

Bogen des Septimus Severus Forum Romanum

Die **dritte Reise** führte Paulus nach Ephesus, wo er zwei Jahre arbeitete und predigte. Anschließend besuchte er wiederum Gemeinden, in denen er bereits früher war. Bei seiner Rückkehr nach Jerusalem wurde er festgenommen. Als römischer Bürger bestand er darauf, vor ein kaiserliches Gericht gestellt zu werden (Apostelgeschichte 18–21). Das Wirken von Paulus als Missionar ist durch enge persönliche Kontakte geprägt:

» Wenn möglich bereitete er die zu besuchenden Städte (er wirkte nur in großen Orten!) durch andere Personen oder ein Schreiben auf sein Kommen vor. In Rom und Korinth unterstützte ihn z. B. das Ehepaar Aquila und Priska.

» Er predigte stets zuerst in den Hauptsynagogen. Seine römische Staatsbürgerschaft mag ihn bisweilen vor dem Schlimmsten bewahrt haben.

» Nach den Besuchen hielt er den Kontakt zu den Gemeinden mit Hilfe von ausführlichen Briefen.

Die letzte Reise nach Rom Aufgrund seines Appells an den Kaiser wurde Paulus nach Rom gebracht. Nach einer ereignisreichen Reise mit Schiffbruch erreichte er die Hauptstadt des Imperiums, wo er trotz Hausarrest zunächst relativ ungehindert wirken konnte (Apostelgeschichte 27–28). Vermutlich erlitt Paulus unter Kaiser Nero um das Jahr 64 den Märtyrertod.

3. Missionsreise

Der erste Brief des Petrus ist an die Christen in der Landschaft Kappadokien gerichtet.

DIE ANDEREN BRIEFE DES NEUEN TESTAMENTS

Die weiteren Briefe des Neuen Testament sind nicht an eine bestimmte Gemeinde gerichtet, sondern an die Kirche als Ganzes. Daher werden sie auch als »katholische Briefe« bezeichnet (von griechisch *katholiké* = »für die Allgemeinheit bestimmt«). Die Entfaltung des Christentums bis zum Ende des ersten Jahrhunderts lässt sich an ihnen gut ablesen. Die Namen der Schreiben verweisen größtenteils auf herausragende Persönlichkeiten der frühen Kirche (Petrus, Jakobus, Judas, Johannes), sind jedoch eventuell von anonymen Missionaren und Gemeindeleitern abgefasst und der Autorität der großen Apostel unterstellt worden.

Hebräer Mahnrede an ein ermattendes Christentum: Es soll ein Volk von Priestern sein mit Christus als dem Obersten Priester, der vor Gott für die Gemeinde eintritt

Jakobus Bewährung des Glaubens im Handeln der Christen

1 Petrus Ermutigungsschreiben an Christen in heidnischer Umgebung

2 Petrus Als »Vermächtnis« des Petrus verfasst: Festhalten an der Überlieferung der Apostel!

1 Johannes Bekenntnis zu Christus als dem Mensch gewordenen Gottessohn. Die Liebe als umfassende Beschreibung von Gottes Wesen. Verpflichtung zur Nächstenliebe

2 Johannes Warnung vor Irrlehren, Mahnung zur Liebe

3 Johannes Empfehlungsschreiben für Wandermissionare; Ablehnung des örtlichen Gemeindeleiters

Judas Flugblatt gegen Irrlehren

DIE KIRCHE WÄCHST

Während die Christen anfangs noch wie alle Juden am Tempelgottesdienst und den jüdischen Feiertagen teilnahmen, gewannen die »Versammlungen in den Häusern« bald größere Bedeutung. Etwa um das Jahr 90 war die Trennung zwischen Judentum und Christentum vollzogen. Auch wenn die Überlieferung der hebräischen Bibel übernommen wurde, hatten die Christen jetzt auch eine eigene Heilige Schrift, das Neue Testament. In den neutestamentlichen Briefen lässt sich erkennen, wie nach und nach eigene Strukturen in den christlichen Gemeinden entstehen.

Die Ämter In den frühen Gemeinden gab es keine feste Ämterstruktur. Wichtig waren die »Charismen« (Gnadengaben), d. h. Fähigkeiten, die Einzelne für die Gemeinschaft einbringen konnten. Paulus nennt u. a. die Gaben, Weisheit mitzuteilen, zu lehren, prophetisch zu reden, zu leiten, Krankheiten zu heilen. Rund ein Viertel der damals in den Gemeinden Aktiven waren Frauen! Bald gab es erste Amtstitel: Paulus kennt in den Gemeinden Apostel, »Aufseher« (*Episkopoi*, die späteren »Bischöfe«), Diakoninnen und Diakone. In den »Pastoralbriefen« (1/2 Timotheus, Titus) werden Bischöfe angewiesen, nur einmal zu heiraten.

Christen im Widerstand Gegen Ende des 1. Jahrhunderts verfasste der Seher Johannes auf der Insel Patmos die Offenbarung, auch Apokalypse genannt (vgl. Seite 81). Sie zeigt, unter welch unmenschlichem Verfolgungsdruck die Christen zu leiden hatten. Dennoch breitet sich der Glaube an Jesus Christus immer weiter aus. Er übersteht auch die systematischen Verfolgungen im 3. Jahrhundert. Unter Kaiser Konstantin wird es zunächst zur erlaubten (313 n. Chr.) und unter Theodosius dann zur allein berechtigten Religion im Römischen Reich (380 n. Chr.)

In Ephesus trafen griechische Kultur und römische Macht aufeinander. Mysterienkulte und die christliche Gemeinde lebten miteinander auf dieser Drehscheibe des Imperiums.

Drachenkampf (Fé Kolb). Noch tobt der Kampf und Teufelsfratzen umgeben die Welt. Aber die Frau (Bild für die Kirche) wird gerettet. Der Sieg ist nah.

DIE OFFENBARUNG AN JOHANNES

Mit ihrer reichen Bildersprache ist die Offenbarung faszinierend und schwer verständlich zugleich. Damit hängt es wohl zusammen, dass sie in besonderer Weise den Volksglauben beeinflusst hat. Eine ganze Reihe von Vorstellungen der Volksfrömmigkeit hat hier ihren Ursprung, z. B.:

» die Annahme eines Fegefeuers
» die Erwartung des Gerichts vor dem Thron
» der Kampf zwischen Engeln und Teufel
» die Bilder von Posaunenengeln, apokalyptischen Reitern und vom himmlischen Jerusalem
» die Zahlensymbolik (siehe Seite 84)

Entgegen einer weit verbreiteten Annahme ist die Offenbarung kein »Fahrplan« für die Ereignisse am Ende der Zeit, sondern eine Durchhalteschrift für Christen in der Verfolgung (siehe Seite 82).

Ihr Aufbau zeigt die Aussagerichtung:

Kap 1–5 Vorbereitung: Ein Blick auf die *Erde* in die Lebenswirklichkeit der sieben Gemeinden in Kleinasien und in den Thronsaal Gottes im *Himmel.*

Kap 6–7: Die Öffnung der 7 Siegel als Symbol für Katastrophen und Nöte auf der Erde; Abschluss: Trostwort für die Treuen.

Kap 8–11: 7 Posaunen als Symbol für das Gericht Gottes und die Vernichtung der Widersacher; Abschluss: Gott hat die Macht über alles.

Kap 12–14: Der Kampf zwischen Gott und dem Bösen ist bereits gewonnen, aber noch nicht zu Ende.

Kap 15–18: 7 Zornesschalen als Zeichen des Untergangs von »Babylon« (Symbol für die römischen Kaiser, die die Christen verfolgten).

Kap 19–20: Endkampf zwischen dem Messias und den Teufelsmächten.

Kap 21–22: Neue *Erde* – neuer *Himmel* – Gott wohnt unter den Menschen.

APOKALYPTIK UND WIDERSTAND

Am Ende wird Christus das Böse besiegen. (Darstellung aus der Erzbischöflichen Kapelle in Ravenna, Italien)

Apokalyptische Texte sind eine kleine, ganz eigene Gattung von Texten innerhalb der Bibel. Im Alten Testament gehören dazu Daniel und Teile der Prophetenbücher wie Jesaja 24–27 und 33, Ezechiël 38–39, Joël 2–4, Sacharja 9–14, im Neuen Testament (mit Ausnahme der »kleinen Apokalypse« in Markus 13) nur die Offenbarung an Johannes.

All diese Texte entstanden in Zeiten religiös-politischer Bedrängnis und haben die Aufgabe, den Widerstand der glaubenden Menschen zu stützen. Um den Bedrohungen der Gegenwart ihr Gewicht zu nehmen, erzählen Apokalypsen Geschichte, indem sie einen Standpunkt in der Vergangenheit einnehmen und von dort aus die »Zukunft« erzählen. Wenn die Erzählung die Gegenwart mit ihren besonderen Gefährdungen erreicht, beginnt die eigentlich Vorhersage, die immer die gleiche Botschaft vermittelt: Wer dem Gott Israels vertraut, wird gerettet. Auch wenn das Neue Testament nur wenige apokalyptische Schriften aufweist, spielen Bilder und Begriffe aus den entsprechenden alttestamentlichen Texten dann eine wichtige Rolle (so stammt z. B. die Vorstellung vom »Menschensohn« ursprünglich aus Daniel).

Die apokalyptischen Schriften und ihre Botschaft:

Daniel: Verteidigung des Glaubens Israels gegen die Hellenisierung; Anlass: Entweihung des Tempels durch Antiochus IV. Epiphanes im Jahr 167 v. Chr. – Untergang der Reiche Babylons, der Perser und der Griechen

Jesaja 24–27 + 33: Ermutigung der Vertriebenen im Exil – Untergang Babylons, Neuschaffung Israels

Ezechiël 38–39: Stärkung des Glaubens an eine neue Zukunft trotz aller Not eines geschlagenen Volkes – Vernichtung von Gog und Magog als den großen Feinden des Gottesvolkes

Joël 2–4: Aufruf zur Besinnung in schwerer Not (Heuschreckenplage) – Der Tag des Herrn und die Ausgießung des Heiligen Geistes

Sacharja 9–14: Trost in Zeiten der Gefährdung des Glaubens durch die hellenistische Kultur – Der künftige Friedenskönig und sein Leiden; endgültige Rettung und Erneuerung Jerusalems

Offenbarung: Ermutigung der christlichen Zeugen in der Verfolgung durch das Römische Reich – Vernichtung der »Hure Babylon« (Rom) und Sieg der Märtyrer

ihn einen Wunsch sagen, den er erfüllen wird, und Salomo wünscht sich ein Herz, das auf Gottes Weisung hört.

» Daniel 2–4: König Nebukadnezzar träumt von den vier Weltreichen und Daniel erfährt im Traum die Deutung von Nebukadnezzars Traum.

Die Jesusgeschichte des Matthäusevangeliums wird eingerahmt von Träumen:

Matthäus 1,20: Ein Engel erklärt Josef im Traum die Herkunft von Jesus.

Matthäus 2,12: Ein Engel befiehlt den Sterndeutern im Traum, nicht zu Herodes zurückzukehren.

Matthäus 2,13: Ein Engel fordert Josef im Traum auf, mit seiner Familie nach Ägypten zu fliehen.

Matthäus 2,20: Ein Engel bringt Josef im Traum die Nachricht, dass er mit seiner Familie nach Israel zurückkehren kann.

Matthäus 27,19: Die Frau des Pilatus träumt, dass Jesus unschuldig ist.

TRÄUME UND VISIONEN

Immer wieder erzählen biblische Texte davon, dass Menschen Gottes Botschaft in Träumen und Visionen erfahren. Neben dem »Wissensgewinn« kommt darin die Gewissheit zum Ausdruck, dass Gott gerade dann handelt, wenn Menschen es nicht vermögen.

» 1 Mose/Genesis 28,12: Jakob sieht im Traum eine Leiter, die bis zum Himmel reicht. Gott spricht dem Flüchtling, der Schuld auf sich geladen hat, noch einmal die alte Verheißung an Abraham zu, dass er Vater eines großen Volkes wird.

» 1 Mose/Genesis 37,5: Josefs Träume von der herrschaftlichen Position in der Familie verändern sein Leben.

» 1 Mose/Genesis 41: Der ägyptische Pharao träumt und weiß nichts damit anzufangen. Gott lässt Josef den Traum deuten. Dadurch wird Ägyptens Geschick mit dem Israels verbunden – zu beider Wohl und Rettung.

» Die meisten Stellen im Alten Testament, an denen Träume und Visionen eine Rolle spielen, haben mit Propheten zu tun. Sie sind zu zahlreich, um sie hier im Einzelnen aufzuführen. Nur eine programmatische Stelle soll beispielhaft zitiert werden: 4 Mose/Numeri 12,6: »Wenn ich Propheten zu euch sende, offenbare ich mich ihnen in Visionen und spreche zu ihnen in Träumen.«

» 1 Könige 3,5-15: Gott erscheint Salomo am Anfang seiner Regierungszeit im Traum, lässt

Im Schatten der Visionen (Fé Kolb)

ZAHLENSYMBOLIK IN DER BIBEL

An vielen Stellen der Heiligen Schrift begegnen uns Zahlenangaben, die mitunter Rätsel aufgeben, wenn sie als rechnerische Größe verstanden werden. Sie enthüllen jedoch einen tiefen Sinn, wenn man sie in ihrer symbolischen Bedeutung versteht:

1	**Gott** Gott ist der eine und einzige.
2	**Die Zeit** Tag und Nacht, Sommer und Winter, Hitze und Kälte, Aussaat und Ernte (1 Mose/Genesis 8,22)
3	**Das Heilige** Gott erscheint in Gestalt dreier Männer (1 Mose/Genesis 18,2); dreimal heilig (Jesaja 6,3)
4	**Kosmos, Welt** 4 Himmelsrichtungen, 4 Jahreszeiten, 4 Paradiesflüsse (1 Mose/Genesis 2,10-14)
5/500/5000	**Leben zwischen Bedrohung und Gottes Schutz** [3+2] Gottes Gegenwart (3) in der Geschichte (2). Schutz in der 5-jährigen Hungersnot (1 Mose/Genesis 45,11); 5 als Element in der Tempelarchitektur (2 Mose/Exodus 26,26; 1 Könige 6,31), vgl. das Pentagramm (Fünfeck), das in vielen Religionen als Schutzzeichen gilt! Noach zeugt im Alter von 500 Jahren 3 (!) Söhne. Mit 5000 Mann erobert Josua die Stadt Ai (Josua 8,12). Das »fünfte Siegel« (Offenbarung 6,9) bedeutet das Martyrium für Gottes Wort.
6	**Geschichte, Lebensprozess** Schöpfung (1 Mose/Genesis). Ein Sklavendasein beträgt 6 Jahre (2 Mose/Exodus 21,2). 6 Jahre lang werden die Felder bestellt (3 Mose/Levitikus 25,3).
7	**Vollkommenheit, Fülle, Treue Gottes** 7. Tag als Vollendung der Schöpfung (1 Mose/Genesis 1). Rückkehr zur von Gott gegebenen Besitzverteilung im 7. Jahr (5 Mose/Deuteronomium 15,12). Im 7. Monat findet die große Versöhnung mit Gott statt (3 Mose/Levitikus 23,27).
3 ½	**Zeit der Bedrängnis** Bewährung der Treue (7) in der Zwiespältigkeit der Zeitlichkeit (2). Politisches Beispiel: Die Entweihung des Tempels durch Antiochus IV. Epiphanes dauerte 3 ½ Jahre (von 167 bis 164 v. Chr.).
10	**Volksgruppe** 10 Männer sind die kleinste in Israel anerkannte Gruppe, sonst handelt es sich um Einzelpersonen. Dies ist auch die Zahl von Männern, die anwesend sein müssen, damit in Israel Gottesdienst gehalten werden kann. 10 Gerechte waren nötig zur Errettung Sodoms (1 Mose/Genesis 18,32).
12	**endzeitliche Fülle** Sie entsteht aus der Verbindung des Göttlichen (3) und des Geschöpflichen (4). 12 Söhne Jakobs, 12 Stämme Israels, 12 Jünger Jesu als Inbegriff des »endzeitlichen Israel«
40/400	**Prüfungszeit mit der Aussicht auf Gottes Hilfe** Israel ist 400 Jahre lang in ägyptischem Frondienst (1 Mose/Genesis 15,13), dann folgen 40 Jahre in der Wüste; Mose und Elija verharren 40 Tage auf dem Gottesberg; Jesus fastet 40 Tage in der Wüste und wird dort versucht; 40 Tage trauert man um einen Toten.
1000	**Ewigkeit** Tausendjähriges Reich (Offenbarung 20)
1260	**endzeitliche Prüfung** = 42 Monate (Offenbarung 11,2) = 3 ½ Jahre (s. o.)
144000	**göttliche Vollendung** Kosmos (3) und Göttliches (4) im Quadrat (12 × 12) der göttlichen Ewigkeit (1000)

ENGEL

Engel haben eine Botschaft Unser Wort »Engel« kommt vom griechischen angelos, das ebenso wie das entsprechende hebräische Wort »Bote/Gesandter« bedeutet. Engel sind also Boten Gottes. Sie kommen mit einem Auftrag, hinter dem sie ganz zurücktreten. In einigen Texten ist von Engeln sogar so die Rede, dass man den Eindruck hat, hier zeige sich Gott selbst in sichtbarer Gestalt (1 Mose/Genesis 22,11; 2 Mose/Exodus 3,2).

Engel stehen vor dem Thron Gottes Die Bezeichnung »Engel« wird auch für die himmlischen Wesen verwendet, die zur Umgebung Gottes gehören und seinen »Hofstaat« bilden. Sie preisen die Herrlichkeit Gottes und führen seinen Willen aus (Jesaja 6,1-7; Psalm 148,2).

Engel begleiten in Gefahren Das Leben aller Menschen ist vielfachen Bedrohungen ausgesetzt. Es ist die Botschaft der Bibel, dass Menschen sich in Gefahr unter Gottes Schutz wissen dürfen. Engel personifizieren diesen Schutz (1 Könige 19,4-8; Psalm 91,11-12).

Engel überwinden die Ferne zu Gott In den späten Texten des Alten Testaments gibt es eine detaillierte Lehre von Engeln und Erzengeln. Gott ist den Menschen ferner gerückt. Zwischen Himmel und Erde ist das Reich der Engel getreten. Selbst die Propheten verstehen Gott und seine Botschaft nicht mehr ohne Hilfe. Diese erhalten sie von den Deute-Engeln (Sacharja 2,5-9).

Engel im Neuen Testament Die Gute Nachricht des Neuen Testaments ist es, dass die Gottesferne ein Ende hat. In Jesus kommt Gott selbst zu den Menschen. Ganz selbstverständlich ist hier auch wieder von Engeln die Rede. Unverkennbar sind die Gemeinsamkeiten mit frühen alttestamentlichen Vorstellungen von den Engeln als Boten Gottes. Doch die Botschaft, die sie verkünden, übersteigt alles zuvor Gekannte. In den Evangelien ist von Engeln vor allem am Anfang und Ende von Jesu Erdenleben die Rede. Engel verkünden seine Geburt (Lukas 2,10-11), Engel deuten den Frauen am leeren Grab das Ostergeschehen und beauftragen sie, das, was sie erlebt haben, weiterzusagen (Matthäus 28,1-8). Nach der Himmelfahrt Jesu werden die Jüngerinnen und Jünger, die Augenzeugen dieses Geschehens, von Engeln an ihren Missionsauftrag erinnert und gleichzeitig mit der Aussicht auf die Wiederkunft Christi getröstet. So machen die Boten Gottes nun Menschen zu Boten und Botinnen des Evangeliums (Apostelgeschichte 1,10-11).

Verkündigungsengel von Matthias Grünewald auf dem Isenheimer Altar, 1512–1516

WIE SIEHT DIE BIBEL DEN MENSCHEN?

Der Mensch wird in der Bibel immer in Beziehung zu Gott gesehen. In 1 Mose/Genesis 2,7 heißt es, dass Gott den Menschen aus Erde gemacht hat. Damit ist gesagt: Er ist von Gott geschaffen und gewollt, und er ist vergänglich (vgl. Psalm 103,14-16; Ijob 25,6; 1 Petrus 1,24-25). In beidem unterscheidet er sich nicht von den anderen Geschöpfen. Doch in einem ist er einzigartig: Menschen sind Ebenbilder Gottes (1 Mose/Genesis 1,26-28).

» Das bedeutet, sie sollen bewusst in Beziehung zu Gott und als seine Stellvertreter auf der Erde leben. Adam bekommt in 1 Mose/Genesis 2,15-17 den Auftrag, die Erde zu bebauen und zu bewahren. Das hebräische Wort »Adam« bedeutet »Mensch, Menschheit«. Uns allen ist damit die Welt anvertraut wie Hirten, die für ihre Mitgeschöpfe Verantwortung haben und dem Besitzer Rechenschaft schuldig sind.

» Mann und Frau sind als Ebenbilder Gottes geschaffen, gleichwertig und gleichberechtigt.

» Als Ebenbilder Gottes können Menschen selbst schöpferisch sein. Sie können Nachkommen zeugen, sie können etwas schaffen, gestalten, herstellen.

In den ersten Kapiteln der Bibel finden sich noch weitere grundlegende Aussagen über den Menschen. Ihm sind notwendige Grenzen gesetzt durch Gottes Gebot (1 Mose/Genesis 2,16-17) und er ist ein Gemeinschaftswesen (1 Mose/Genesis 2,18).

Doch die Bibel erzählt auch davon, dass der Mensch seine Bestimmung oft verfehlt (1 Mose/Genesis 3): Er will seine Begrenztheit nicht akzeptieren, will eigenmächtig handeln und letztlich sein wie Gott. So verstößt er gegen Gottes Gebot und zerstört damit seine Beziehung zu Gott, zu seinen Mitgeschöpfen und zu seinem Tun.

Es ist die Botschaft der Bibel, dass Gott den Menschen nicht diesem Zustand der Schuld und der Gottesferne überlässt. Das Neue Testament sieht in Jesus Christus das wahre Ebenbild Gottes (Kolosser 1,15). Er lebt in enger Gemeinschaft mit Gott, hört sein Wort, tut Gottes Willen und vertraut ihm ganz und gar. Er ist solidarisch mit seinen Mitmenschen, wendet sich ihnen helfend zu und durchbricht Grenzen zwischen Menschen. Sein Handeln teilt uns Gottes Nähe mit, es zeigt uns Gottes bedingungslose Annahme und Liebe. Es kann uns Maßstab sein für unser Leben.

FRAUEN IN DER BIBEL

In biblischer Zeit war die Aufgabe der Frauen, sich um Familie und Haus(halt) zu kümmern. Sie waren rechtlich und sozial vollkommen abhängig von den Männern der Familie. Für eine Frau war es entscheidend, möglichst viele Kinder zu gebären. Wenn sie keine Kinder bekam, konnte ihr Mann sie verstoßen. Eine Ehescheidung konnte nur der Mann vollziehen, nicht aber die Frau. Nur ganz wenige Frauen übten einen Beruf aus wie z. B. die Hebammen (2 Mose/Exodus 1,15-21). Zur Zeit Jesu konnten Frauen Besitz erwerben und Geschäfte machen, aber vor Gericht brauchten sie einen Vormund.

Vor diesem Hintergrund ist es umso erstaunlicher, dass in der Bibel Frauen als starke, selbstständige Persönlichkeiten geschildert werden.

Da ist z. B. **Debora,** die mit großem Erfolg das Amt einer Richterin führte (Richter 4-5). An der Seite ihres Heerführers Barak zog sie selbst mit in die Schlacht, in der die Israeliten siegten.

Das Buch **Rut** erzählt von der Moabiterin Rut, die nach dem Tod ihres Mannes ihr Land verlässt, um ihre Schwiegermutter Noomi in deren Heimat zu begleiten. Sie sorgt unter schwierigsten Bedingungen für ihren und Noomis Lebensunterhalt, bis sie den wohlhabenden Boas heiratet und – obwohl sie Ausländerin ist – die Urgroßmutter König Davids wird.

Die schöne **Abigajil** handelte klug und beherzt, als sie ohne Wissen ihres Mannes und gegen dessen Willen den fälligen Tribut an David zahlte dafür, dass er ihre Hirten beschützt hatte. Damit wendete sie ein Blutbad ab (1 Samuel 25).

Jesus nahm Frauen als ebenbürtige Partnerinnen in den Kreis seiner Anhänger auf. Oft waren es Frauen, die von der Gesellschaft geächtet wurden, deren er sich annahm (Lukas 7,37-50; Johannes 8,3-11). Einige zogen genauso wie die Jünger mit Jesus durch Palästina (Lukas 8,1-3). Während die Jünger flohen, blieben Frauen bis zu seinem Tod bei Jesus (Markus 15,40-41). Und schließlich waren es **Maria aus Magdala** und **Maria, die Mutter von Jakobus,** die zuerst die Botschaft von der Auferstehung erfuhren und weitersagten (Matthäus 28,1-8).

In den ersten Gemeinden hatten Frauen wichtige Ämter inne. Römer 16 nennt zahlreiche Frauen und ihre Tätigkeiten. Dabei gab es keinen hierarchischen Unterschied zwischen dienenden und leitenden Aufgaben: Leitung bedeutete Versorgung. Wegweisend für einen neuen Umgang miteinander ist Galater 3,26-28: Die Unterschiede zwischen Menschen können keine Rangordnung begründen.

Ein restauriertes Haus aus dem 5. Jh. n. Chr.

Schematischer Grundriss
eines Vierraumhauses

HÄUSER UND STÄDTE
IN BIBLISCHER ZEIT

Die in das kanaanäische Kulturland einwandernden Israeliten trafen dort auf eine durch kleine, häufig rivalisierende Stadtstaaten geprägte Kultur, die in der ersten Hälfte des 2. Jahrtausends v. Chr. ihre größte Blütezeit erlebte. Ein als Repräsentant der Stadtgottheit verstandener König oder eine Patrizierdynastie regierte über die halb- und unfreie Bevölkerung, deren Häuser sich dicht innerhalb der engen Stadtmauern zusammendrängten. Die Lebensgrundlage bildeten Felder und Pflanzungen außerhalb der Stadtmauern sowie Handwerk und Fernhandel.

Die ersten Wohnorte der in Kanaan sesshaft gewordenen Israeliten waren einfache Siedlungen, in denen in Anlehnung an die Gesellschaftsordnung der Nomadenzeit Älteste das Regiment führten. Erst in der Königszeit wurden die Städte auch für die Israeliten der wirtschaftliche, geistige und religiöse Mittelpunkt des Lebens. Zentren dieser Entwicklung waren die Hauptstädte Jerusalem und Samaria mit Königspalast und – in Jerusalem – dem Tempel. Dort entstand auch eine privilegierte Oberschicht von königlichen Beamten, die der traditionellen frei-bäuerlichen Wirtschafts- und Sozialordnung Israels widersprach. In ihrer Warnung vor dem Vertrauen auf Stadtmauern und militärische Führung und in ihrer Kritik an den sozialen Missständen der Zeit haben die Propheten zugleich etwas von dem aus der nomadischen Existenz und ihrer besonderen Gottesbeziehung stammenden Misstrauen gegenüber der Lebensweise der Sesshaften bewahrt.

Das Bild vom Leben Jesu, das die Evangelien zeichnen, ist eher ländlich geprägt. Die im Neuen Testament genannten »Städte« wie Nazaret oder Kafarnaum waren eigentlich Dörfer. Auch die Gleichnisse sind vielfach dem bäuerlichen Leben entnommen. Das junge Christentum hatte seinen Schwerpunkt dann allerdings vor allem in den Städten, wo sich die christlichen Gruppen als Hausgemeinden organisierten.

Die Häuser in den Städten standen gewöhnlich eng beieinander. Einfache Häuser bestanden aus einem einzigen Raum mit einem Hof. Der am weitesten verbreitete Haustyp war das sogenannte Vierraumhaus. Der zentrale »Raum« war meist ein eingeschlossener Hof, durch den man die anderen Räume betreten konnte. Er war umgeben von Seitenräumen, die

Der See Gennesaret

auch zweigeteilt oder durch Säulen abgetrennt sein konnten.

Die Wände der Privathäuser bestanden gewöhnlich aus unbehauenen Steinen und Lehmziegeln. Vor allem in den Städten wurden die Häuser oft zweistöckig gebaut. Die flachen Dächer bestanden aus Balken, die mit Zweigen und einer dicken Lehmschicht bedeckt wurden. Sie waren über eine Treppe (manchmal auch an der Außenseite des Hauses wie in Markus 2,1-12) zugänglich. Das Licht in den Räumen kam vor allem durch die offene Tür. Es gab nur wenig Fenster, und sie wurden so klein wie möglich gehalten, um die Temperatur konstant zu halten. Das Leben spielte sich – außer bei schlechtem Wetter – im Hof und auf dem Flachdach ab. Hier wurde gekocht und gegessen, Getreide oder Früchte zum Trocknen ausgebreitet und andere Hausarbeiten verrichtet. Im Sommer schlief man sogar hier.

Die Möbelausstattung im Haus hing vom Reichtum der Bewohner ab. Arme hatten nur die Küchenausrüstung und Bettzeug. Typisch war die Ausstattung mit Möbeln, wie sie in 2 Könige 4,10-11 für das Gästezimmer beschrieben wird, das man für Elischa einrichtet: Bett, Tisch, Stuhl und Leuchter. Die Reichen schliefen in einem Bett, die Ärmsten auf einer Schilfrohrmatte auf dem Boden. Kleider und Bettzeug wurden in Truhen aufbewahrt.

Zum Haushalt gehörte die ganze Großfamilie mit Eltern, Kindern, Großeltern und Verwandten, dazu die Diener und Sklaven. Die täglichen Arbeiten im Haus waren Aufgabe der Frauen. Dazu zählten z. B. Wasserholen, Getreidemahlen, Kochen, Spinnen, Weben und Nähen. Jeden Tag wurde in einem Ofen im Hof frisches Brot gebacken. Frauen halfen außerdem bei der Feldarbeit und im Weinberg und unterrichteten die jüngeren Kinder.

Rekonstruktion der Stadtanlage von Lachisch

LANDWIRTSCHAFT UND NAHRUNG IN BIBLISCHER ZEIT

Während in den flachen Landesteilen wie der Küstenregion und der Jesreelebene Weizen und Gerste angebaut wurde, kultivierte man im hügeligen Bergland, wo durch Terrassierung Anbauflächen erst geschaffen werden mussten, eher Wein, Oliven-, Obst- und Nussbäume. Daneben wurde auf kleineren Feldern Gemüse angebaut, v.a. Bohnen, Linsen, Zwiebeln, Lauch sowie verschiedene Kräuter. Hauptnahrungsmittel war Getreide. Wer es sich leisten konnte, aß Brot aus Weizenmehl, das durch Rosinen, Datteln oder Gewürze verfeinert werden konnte. Die ärmeren Bevölkerungsschichten ernährten sich hauptsächlich von Gerste, die auch als Tierfutter Verwendung fand.

Gesät wurde nach der Regenzeit im Herbst, wobei erst nach der Aussaat gepflügt wurde. Nach den winterlichen Regenfällen konnte im Frühjahr geerntet werden. Mit der Sichel wurden die Ähren relativ hoch abgeschnitten; der restliche Halm konnte dann dem Kleinvieh als Nahrung dienen, das im Sommer auf die Felder getrieben wurde und sie gleichzeitig düngte. Auf der Gemeinschaftstenne, die auf einem dem Wind ausgesetzten Platz in der Nähe des Stadttores lag, wurden die Körner gedroschen und durch Hochwerfen von der Spreu getrennt. Nach dem Sieben wurde das Getreide in Säcken oder großen Krügen gelagert.

Wein und Olivenöl gehörten zu den wichtigsten landwirtschaftlichen Produkten. Die Olive, die keine hohen Ansprüche an den Boden stellt, war der verbreitetste Kulturbaum im Land. Die Olivenernte im Oktober beschließt auch das landwirtschaftliche Jahr.

Besonders verbreitet war im Vorderen Orient die Haltung von Kleinvieh wie Schafen und Ziegen. Auch die Ärmeren besaßen meist ein Schaf; im Durchschnitt hielt eine Familie ungefähr zehn Tiere für den Eigenbedarf. Sie gaben Milch und lieferten Wolle bzw. Felle. Nur bei besonderen Anlässen wurde ein Tier geschlachtet und sein Fleisch verzehrt. Der Besitz von Rindern war Anzeichen eines gewissen Wohlstandes. Sie wurden nicht als Milchvieh gehalten, sondern vor allem als Zugtiere.

Nach den jüdischen Speisevorschriften durfte nur das Fleisch von Wiederkäuern mit gespaltenen Hufen, also Schaf, Ziege und Rind, gegessen werden. Dagegen galt Schweinefleisch als unrein, und sein Verzehr war verboten.

Bauer beim Worfeln: Das Getreide wird hochgeworfen, um die Spreu, die leicht ist und wegfliegt, vom Korn zu trennen.

LANDSCHAFTEN DER BIBEL

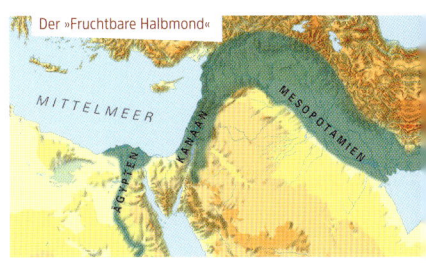

Der »Fruchtbare Halbmond«

Die Ereignisse, von denen die Bibel berichtet, spielen sich alle im »Fruchtbaren Halbmond« ab, dem nach seiner Form so benannten und von Wüstengebieten umgebenen Landstreifen, der sich vom Nil über den Jordan hinunter bis zum persischen Golf erstreckt.

Mesopotamien So wird das Gebiet »zwischen den Strömen« Eufrat und Tigris genannt. Die Entwicklung der Kultur reicht in diesem Raum bis weit in die vorgeschichtliche Zeit zurück; hier blühte wohl die älteste semitische Zivilisation mit festen Siedlungen und Handelswegen, die bis in das Jordantal ausstrahlte. In der Bibel spielt Mesopotamien in den Vätergeschichten eine Rolle und dann wieder in der Königszeit, als von dort die Heere der Assyrer und Babylonier gegen Israel und Juda vordrangen, sie eroberten und die Bevölkerung ins Exil verschleppten.

Ägypten Das fruchtbare Schwemmland am Nil gilt ebenfalls als eine Wiege der Menschheitskultur. Es wurde in Zeiten der Dürre und Hungersnot immer wieder zur rettenden Zuflucht für die Menschen aus den umliegenden Gebieten. Auch die Vätertraditionen kennen diese Verbindung und erzählen, wie Jakob durch seinen Sohn Josef mit der ganzen Familie nach Ägypten geholt wird, als in Kanaan eine Hungersnot herrscht. Das Land der Pharaonen wird für seine Nachkommen jedoch bald zum Inbegriff der Unterdrückung und Sklaverei (siehe Seite 22).

Kanaan Das Kerngebiet der biblischen Geschichte wird durch das Hermonmassiv im Norden, die transjordanische Steppe im Osten, die Sinaiwüste im Süden und das Mittelmeer im Westen begrenzt. Aufgrund seiner geographischen Lage hatte dieses Gebiet eine Brückenfunktion zwischen den Großmächten in Mesopotamien und Ägypten, von denen es im Verlauf seiner wechselvollen Geschichte auch immer wieder politisch abhängig war.

Zwischen Wüste und Meer konzentrierten sich hier die großen überregionalen Handelsstraßen, die das Land in Nord-Süd-Richtung durchzogen: Die *via maris,* die *Straße der Könige*, die *Weihrauchstraße* und die *Straße entlang der Wasserscheide* Kanaans. Die Verkehrswege waren jedoch auch Einfallswege für die Heere der Großmächte. Daher befestigten die Römer auch die alten Handelsstraßen, um ihren Truppen im Krisenfall schnelle Eingreifmöglichkeiten zu sichern.

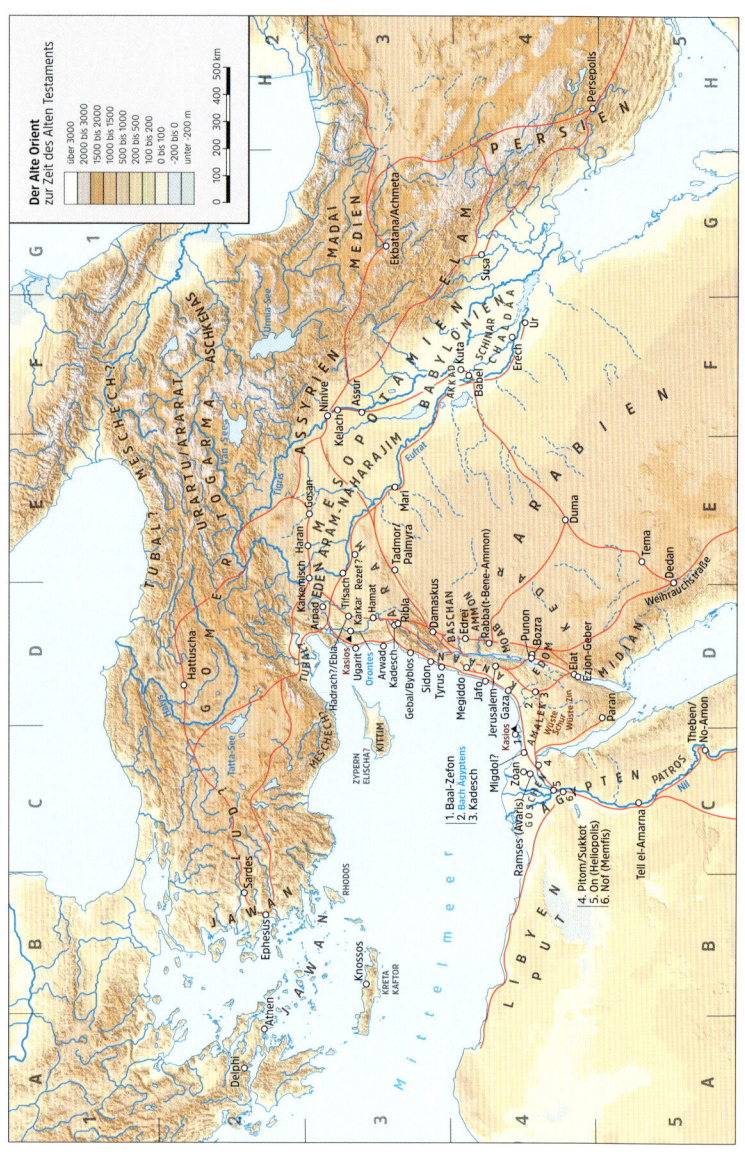

Der Alte Orient
zur Zeit des Alten Testaments

über 3000
2000 bis 3000
1500 bis 2000
1000 bis 1500
500 bis 1000
200 bis 500
100 bis 200
0 bis 0
-200 bis 0
unter -200 m

0 100 200 300 400 500 km

PERSIEN

MADAI
MEDIEN

Ekbatana/Achmeta

ELAM

Susa

BABYLONIEN

Akkad
Kuta
Babel
SCHINAR
CHALDÄA
Erech
Ur

Persepolis

ARABIEN

URARTU/ARARAT

MESCHECH?

ASCHKENAS

TOGARMA

GOMER

ASSYRIEN

MESOPOTAMIEN
ARAM-NAHARAJIM

Ninive
Kelach?
Assur

Gosan
Haran
Karkemisch

Mari

Tadmor/
Palmyra

Duma

Tema

Dedan

Weihrauchstraße

MIDIAN

TUBAL?

Hattuscha

EDEN
Arpad
Ugarit
Kasios

Tifsach?
Karka
Hamat
Irbid

Rezef?

Damaskus
BASCHAN
Edrei
Rabbat(-Bene-Ammon)

AMMON

MOAB
Punon
Bozra

EDOM
Ela
Ezjon-Geber

Paran

Kadesch

GOMER

LUD?

Sardes

Ephesus

JAWAN

ZYPERN
ELISCHA?
KITTIM

Arwad
Gebal/Byblos
Sidon
Tyrus
Megiddo
Jafo
Jerusalem
Gaza

Kasos

1. Baal-Zefon
2. Bach Ägyptens
3. Kadesch

Migdol?
Zoan

Wüste Sin
Wüste Paran
Wüste Zin

4. Pitom/Sukkot
5. On (Heliopolis)
6. Nof (Memfis)

Ramses (Avaris)

GOSEN

ÄGYPTEN

PATROS

Theben/
No-Amon

Tel el-Amarna

LIBYEN

RHODOS

Knossos
KRETA
KAFTOR

Delphi
Athen

Mittelmeer

Nil

Eufrat

Orontes

Tattasee

Urmia-See

Thartar-See

Jerusalem und Umgebung

0 5 10 15 20 km

Das Land der Bibel
zur Zeit des
Alten Testaments

ungefähre Grenze
zwischen Juda und Israel
in der Königszeit

	1500 bis 2000
	1200 bis 1500
	900 bis 1200
	600 bis 900
	400 bis 600
	200 bis 400
	100 bis 200
	0 bis 100
	-200 bis 0
	unter -200 m

0 10 20 30 40 km

1. Abel-Schittim
2. Bet-Pegor
3. Bet-Jeschimot
4. Nebo

Das Land der Bibel zur Zeit des Neuen Testaments

Legend:
- **I** Römische Provinz Judäa (4 v. bis 6 n.Chr. Vierfürstentum des Archelaus)
- - - - Nordgrenze des eigentlichen Judäa
- **IIa/b** Vierfürstentum des Herodes Antipas (4 v. bis 39 n.Chr.)
- **III** Vierfürstentum des Philippus (4 v. bis 34 n.Chr.)
- **IV** Römische Provinz Syrien
- **V** Vierfürstentum des Lysanias
- **VI** Gebiet der Zehnstädte

Das Land der Bibel zur Zeit des Neuen Testaments

★ Wüstenpaläste der hasmonäisch-herodianischen Zeit

Höhenstufen:
- 1500 bis 2000
- 1200 bis 1500
- 900 bis 1200
- 600 bis 900
- 400 bis 600
- 200 bis 400
- 100 bis 200
- 0 bis 100
- -200 bis 0
- unter -200 m

0 10 20 30 40 km

Map place names:
Sidon, Sarepta, Tyrus, Damaskus, Abila, Cäsarea Philippi, Ptolemais, Gischala, Julias/Betsaida, Chorazin, Kafarnaum, Gamala, Rafana?, Jotapata, Magdala, Kana, Sephoris, Tiberias, Hippos, Abila, Dion, Nazaret, Tabor, Gadara, Dor, Gaba, Nain, Cäsarea (am Meer), Ginnaä, Skythopolis, Pella, Gerasa, Sebaste, Ebal, Neapolis, Sychar, Garizim, Akrabeta, Amathus, Apollonia, Antipatris, Alexandreion, Phasaelis, Gadora, Philadelphia, Joppe, Arimathäa, Gofna, Ephraim, Archelais, Lydda, Modein, Jericho, Kypros, Abila, Esebon, Jamnia, Judäa, Emmaus, Jerusalem, Betanien, Qumran, Livias, Medeba, Aschdod, Betletefa, Betlehem, Hyrkania, Herodeion, Kallirrhoë, Macharus, Aschkelon, Betogabri, Hebron, Engadi, Anthedon, Gaza, Rafia, Horma, Masada, Elusa, Zoar

Regions: PHÖNIZIEN, GALILÄA, GAULANITIS, TRACHONITIS, BATANÄA, AURANITIS, SAMARIEN, DEKAPOLIS, JUDÄA, IDUMÄA, NABATÄER, MOABITER, PERÄA

Mittelmeer, Totes Meer, Karmel, Saron, See Gennesaret, Semachonitis, Libanon-Gebirge, Antilibanon-Gebirge, Hermon-Gebirge

Elevation markings: 1940, 2814, 1204, 1208, 546, 588, 840, 1016, 1247, 997, 802, 1019, 1065, 392, 209